高等院校美术与设计类创新型教材

江西省普通高等学校优秀教材

旅游文创产品设计

主编 赵勤

副主编 黄诗琪 周靖康 陈文芳

王丽茹 涂勇

哈尔滨工程大学出版社
Harbin Engineering University Press

内容简介

本书主要从旅游文创产品概述、旅游文创产品的分类、旅游所在地地域文化元素分类、地域文化元素在文创产品中的运用及设计原则、旅游文创产品的设计要点、旅游文创产品的研究价值、旅游文创产品赏析七个方面进行叙述，使读者能更清晰、直接、快速地了解和掌握旅游文创产品的创意和表现方法。

本书主要供高等院校设计类相关专业学生使用，也可作为通识课公共基础课、艺术素养课的教材或设计爱好者、自学者及艺术相关行业从业者的参考书。

图书在版编目（CIP）数据

旅游文创产品设计／赵勤主编.—哈尔滨：哈尔滨工程大学出版社，2021.6（2022.12重印）
ISBN 978-7-5661-3084-6

Ⅰ.①旅… Ⅱ.①赵… Ⅲ.①旅游产品—产品设计
Ⅳ.①F590.63

中国版本图书馆CIP数据核字（2021）第095785号

旅游文创产品设计
LÜYOU WENCHUANG CHANPIN SHEJI

选题策划　徐　峰　李　慧
责任编辑　于海燕
封面设计　广通文化

出版发行　哈尔滨工程大学出版社
地　　址　哈尔滨市南岗区南通大街145号
邮　　编　150001
发行电话　0451-82519328
传　　真　0451-82519699
经　　销　新华书店
印　　刷　河北鑫彩博图印刷有限公司
开　　本　889 mm×1 194 mm　1/16
印　　张　7
字　　数　240千字
版　　次　2021年6月第1版
印　　次　2022年12月第2次印刷
定　　价　45.00元

http://www.hrbeupress.com

E-mail:heupress@hrbeu.edu.cn

对本书内容有任何疑问及建议，请与本书编委会联系。邮箱designartbook@126.com

前言

PREFACE

旅游文创产品就是在旅游时所购买的产品，产品种类包括生活用品类旅游文创产品、创意礼品类旅游文创产品和土特产类旅游文创产品，是一种能反映景区特色，浓缩地域风情和民俗文化，沉淀游客的旅游记忆的文创产品，具有实用、收藏与鉴赏的价值。

在旅游文创产品中要注入民族地域文化、突出民族地域特色、展现民族地域风貌，为民族特色的旅游纪念品设计开辟多元化的切入口；探索独特新颖的设计手法，创造丰裕富饶的新表现形式，避免“恰似”与“好像”，强化游客的记忆印象，延展旅游区位价值，以促进当地旅游业的发展，以此实现旅游市场的差异性竞争优势。本书立足实用创新，深入浅出地阐述了旅游文创产品的设计方法及艺术规律、造型基础、形态等，从全新的角度对旅游文创产品设计进行了分析，使读者能更清晰、直接、快速地了解和掌握旅游文创产品的创意和表现方法。

本书内容主要分为旅游文创产品概述、旅游文创产品的分类、旅游所在地地域文化元素分类、地域文化元素在文创产品中的运用及设计原则、旅游文创产品的设计要点、旅游文创产品的研究价值、旅游文创产品赏析。全书主要有两个特点：一是逻辑关系强，知识点前后衔接、由浅入深，通过实例分析引出其他相关知识，既突出了重点、难点，又全面介绍了相关内容，结构比较完整；二是图文结合，引用了大量的图片作为理论的佐证，避免了沉闷乏味地阐述，增强了说服力。本书配套在线开放课程，读者可扫描右侧二维码在线学习。

扫一扫，在线学习

本书由江西科技师范大学赵勤担任主编，江西科技师范大学黄诗琪、周靖康、陈文芳、王丽茹、涂勇担任副主编，全书由赵勤统稿、审定。本书在编写过程中引用了一些国内外的资料，由于各种原因，未能一一注明出处，在此表示感谢的同时亦深表歉意。

本书仍存在许多不足之处，敬请读者批评指正。

编　者

目录

CONTENTS

CONTENTS

第1章　旅游文创产品概述

近年来，第三产业发展迅速，旅游业尤为明显。随着旅游业的发展和传播，旅游文化的载体也随之发展，旅游文创产品作为其中之一发展得尤为迅速。旅游文创产品包含许多种类，其中旅游者在游玩过程中购买的旅游产品也是其中的一种，而且随着时代的发展范围在不断地扩大。旅游文创产品可以说是旅游者对旅游地点的美好回忆和向往，同时，也是对当地文化象征的了解和特有的体验，以及对旅游时光的特殊回忆和留念。旅游文创产品应该发挥其主要作用，使游客不仅可以从中得到纪念和安慰，同时又反映出当地的地域文化。如陕西西安，那里的旅游文创产品设计大多与兵马俑有关；广西北海，那里的旅游文创产品设计大多与海有关；甘肃敦煌，那里的旅游文创产品大多与莫高窟有关。每个地方的旅游文创产品同时也是该旅游地的一种文化表现。旅游文创产品的设计同时也包含了当地的风土人情、地域文化和自然景观。旅游是在特定的环境和区域下进行的活动，游客会通过购买旅游文创产品来留住旅游时的美好时光以供之后进行回忆，同时，送给身边的亲朋好友。旅游文创产品不仅要满足游客的这一需求，还要充分反映出当地的文化特色。

旅游文创产品作为旅游文化中必不可少的一部分，其收入已经成为旅游收入的重要组成部分。旅游文创产品不仅推动着旅游业的发展，而且在一定程度上传播了该地区的特色文化。

1.1 旅游文创产品的背景

随着国内人均 GDP 的不断增长，旅游业持续发展，中国人均出游率大幅度上升，旅游业开始快速发展。人们的生活质量逐渐提升，对贯彻落实科学发展观，促进社会发展和文化进步有着重大的意义和作用。因此，国民生活水平提高，生活质量也在发生变化，文化与旅游业相互交融的大环境下，传统的旅游已经不能满足游客现在的需求，旅游业的改革升级已经迫在眉睫。在旅游产业升级过程中，可通过供给侧改革进一步挖掘产业动能，将旅游业的高质量发展落到实处，最终满足人民群众日益增长的需求。因此，旅游文化创意产业逐渐发展升级，对国内旅游行业的进步及发展有着非常重要的意义。随着文化创意产业的逐渐发展，旅游文创产品出现在大众视野中，并成为传统旅游业提升的新载体。我国大力研究开发旅游文创产品，并以旅游文创产品为主体，进一步打造旅游业发展的新形式。旅游业中最重要的组成部分就是旅游文创产品，旅游文创产品对旅游业的进一步提升有很大的作用。旅游的灵魂是文化，文化的载体是旅游，文化与旅游交融发展、相互促进、共同进步是旅游行业转型升级的重要一步，旅游文创产品设计是文化与旅游相互交融、进一步跨越发展及转型提高中重要的一个环节。

“以文促旅，以旅彰文”，高水准的旅游品质需要深厚的文化支撑，丰厚的文化内涵是旅游产品开发的创新源泉。旅游文创产品给当地旅游文化的提高带来了机会，同时，也发展了当地的旅游经济；随着国民生活水平的不断提升，游客不再采取之前的拍照式的旅游方式，而是更注重旅游过程中的体验及感受，这也成为现在旅游业提高发展的一部分。游客到达一个景点，通常会购买当地的旅游文创产品留作纪念，如工艺品、小饰品等。旅游文创产品被购买后通常会有几种不同的用处：一是人们自己用或装饰；二是旅游纪念；三是送给家人或朋友。人们购买旅游文创产品通常会将它当作此次旅行的纪念，依据心理学家的说法，大多旅行回去的游客会向身边的家人、朋友讲解自己在旅行过程中的所见所闻。购买旅游文创产品作为旅行的礼物送给家人、朋友，这样即使没有听到讲解的朋友也能通过礼物有所了解，也会了解到在旅行中的感受。旅游文创产品作为一种没有声音的广告，在以另一种方式宣传地方旅游文化。

改革开放加快了我国现代化建设的步伐，以加入世界贸易组织为标志，中国全面融入世界经济体系，国际地位持续提高，人民生活水平显著改善，生活更加丰富多彩。在经济全球化的浪潮之中，中国人民的物质生活和文化生活已进入了一个与世界同步的时代，与此同时我国进入“大众旅游”时代，旅游业及其相关行业都迎来了发展的黄金时期，并持续领跑宏观经济。

旅游业是改革开放的产物之一，而黄金周又是旅游业的重要时刻。中国春节也成了全球黄金周，近年黄金周旅游现象是我国旅游业发展中的重要现象，黄金假日旅游的蓬勃发展，也满足了国民日益增长的旅游需求。越来越多的人选择在黄金假日里出行旅游，以此欢度佳节，因此，各大景区游客数量剧增。很多人在普通节假日、双休日也会选择在周边景点观光游览。人们选择在假期出行，也进一步促进了社会经济的发展及旅游行业的提高，旅游行业的发展成为我国经济发展新的增长点。

根据我国国家数据统计局所发布的旅游统计数据得知，2015—2019 年来国内旅游人数呈现不断增长的趋势，旅游市场规模稳步扩大，并继续领跑宏观经济。2019 年国内游客人次高达 60 亿，同比前一年增长 4.67 亿人次。以国家统计局旅游业数据分析得知，我国国内游客近 5 年来旅游人数明显大幅度上涨（图 1-1-1 ～图 1-1-3）。

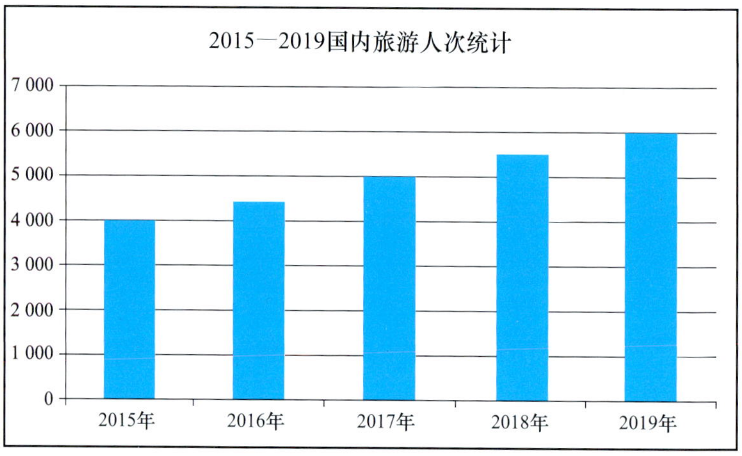

图 1-1-1　国内旅游人次统计
（图片来源：国家统计局）

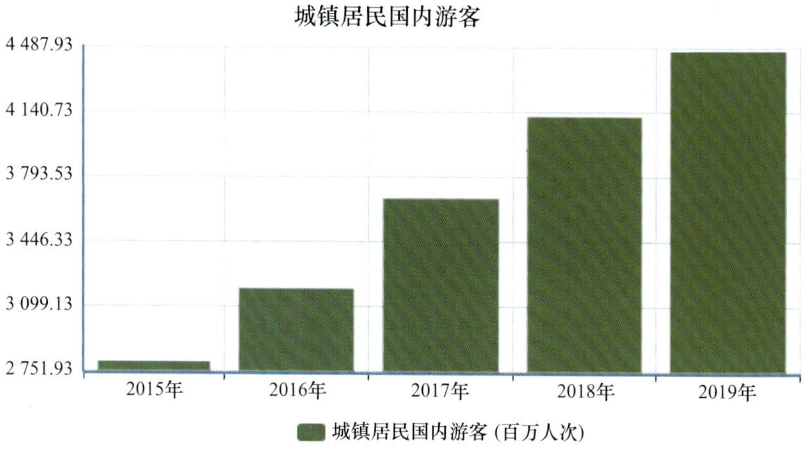

图 1-1-2　城镇居民国内游客
（图片来源：国家统计局）

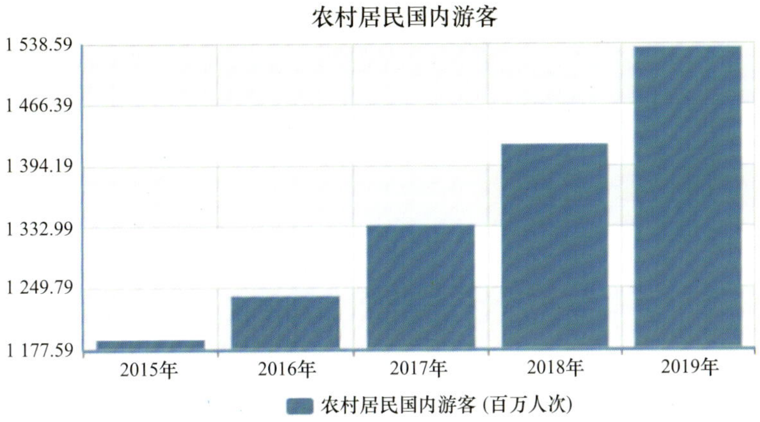

图 1-1-3　农村居民国内游客
（图片来源：国家统计局）

与此同时，近 5 年来我国国内游客的花费总额也在呈现不断增长的趋势。2019 年国内旅游总花费达 57250.9 亿元，同比 2018 年增长了 5972.6 亿元。根据国家统计局的统计我国国内旅游总花费和人均花费都大幅度提高（图 1-1-4、图 1-1-5）。

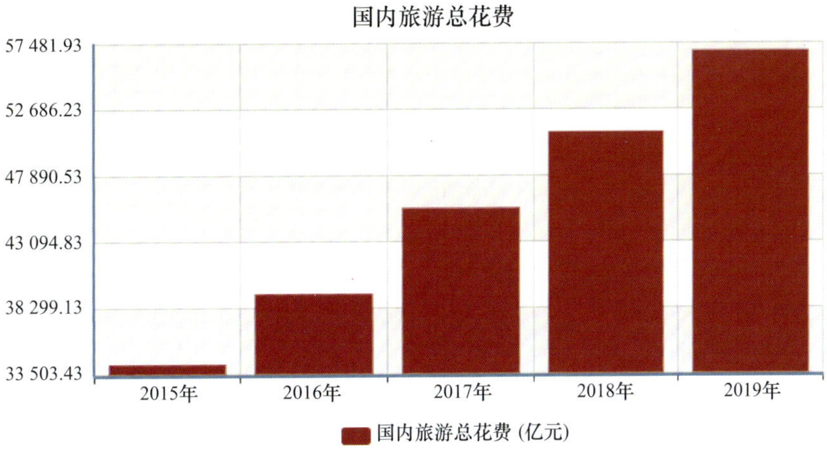

图 1-1-4　国内游客总花费
（图片来源：国家统计局）

图 1-1-5　国内旅游人均花费
（图片来源：国家统计局）

根据国家统计局发布的数据显示，外国人入境我国旅游的游客近 5 年来也在不断提升，根据图表可以发现，从 2015 年到 2019 年增长趋势越来越快，2019 年高达 3188.34 万人（图 1-1-6）。

图 1-1-6　外国人入境游客
（图片来源：国家统计局）

1.1.1　旅游文化的历史

2009 年 12 月 1 日，国务院发布《国务院关于加快发展旅游业的意见》。这个文件是新时期国务院对于我国旅游行业发展的第一个文件，党中央国务院在每个重要的历史发展时期都对第三产业的旅游行业提出新的目标和要求，而这次《国务院关于加快发展旅游业的意见》有明确的新时期特点，具有新的意义且是里程碑。21 世纪以来，中国成为世界上最大的旅游市场，无论是海外游客慕名而来，激活中国的旅游市场；还是中国公民走出去，到异域观光旅游，都显示中国将成为世界旅游业潜在的客源市场。来中国旅行的游客如何才能来得有价值？不仅要让他们能够睁眼看中国，更需要通过影视、书籍帮助他们对中国文化进一步了解，而只有工作人员了解中国文化，懂中国的历史，才能做到这些，这是通过工作人员的服务所实现的。未来承担旅游业津梁重任的大学生应以高于现有业内人员的素质进入这些岗位，这样不仅有经济实力、管理实力，还有文化实力，才能在竞争中立于不败之地。

首届中国旅游文化学术研讨会在 1990 年 10 月召开，本次研讨会提出：社会生活方式和文化活动是与旅游文化密切相关的，旅游主体、旅游媒体和旅游游客之间相互作用，共同产生物质和精神成果。旅游文创产品是以旅游的多种要素为依据，作用于旅游生活中的一种特别的文化形态，是游客在旅行过程中物质和精神的汇总，形成了比较完整的体系。随着国民生活水平的不断提升，更多的人将旅游作为度假休闲的最佳选择。旅游文创产品作为旅游文化中不可缺少的一部分，在一定程度上宣传了当地的特色文化。能够成为旅游文创产品，是因为它蕴含着本地区明显的特色。因此，从这个角度上来说，地方特色是旅游文创产品最本质的属性。每一种新的文化形式的提高，都是社会生产力达到特定的水平的结果，同时，也是社会文化发展到一定程度的结果。随着旅游业的不断发展，旅游业对社会文化的需要和依靠也越加显著。

旅游与文化的相互融合，成了旅游产业提高的重中之重，旅游与文化的融合更多地体现在景区与文化的相互融合上，旅游产业的这一链条中旅游文创产品设计这一重点环节被人们所忽视，已经成为阻碍旅游业发展的一大因素。旅游文创产品内涵的丰富性、景区中的文化性及趣味性，都对旅游业的发展起着重要的作用。促进旅游业发展需要拥有自己的文化形式，这也是所谓的旅游文化，广泛的理解就是旅游文化是人类所创造的精神和文化的汇总。以内在价值为依据，体现在吃穿住行及旅游行业队伍的建设等形态中，与多种因素都有关系；以吃穿住行玩为主要依据，以旅游主体与游客之间的关系为基础，作用于活动的整个过程。

作为文化旅游的重要组成部分，历史文化旅游在这几年得到了快速的发展，历史文物古迹是发展历史文化旅游的重要资源。文化旅游随着我国旅游业的快速发展，也越来越成为人们选择的目的地。而文化旅游中以文物、史迹、遗址、古建筑等为代表的历史文化旅游近几年也得到快速的发展。

1.1.2　旅游文创产品的由来

为了改变我国城市和旅游景区的旅游商品的一致化现象，进一步提高旅游文创产品的市场发展水平和提高旅游文创产品的产业化，旅游文创产品的研发设计需要实时更新，也要以游客的需求为重点，通过旅游文创产品记载更多特色的文化价值，从而进一步提高旅游体验。市场上饰品、摆件、家具用品、日用品、文具均可成为旅游文创产品。一件有创意的产品加上情感设计是消费者所期待的，产品具有文化艺术价值及智慧创意价值，会让消费者喜欢且产生相应的购买行为，这是文创产品能够销售出去并且大热的理由。文创产品起源于英国，英国悠久的历史文化背景及人文素养和资本化的工业文化提供的丰厚土壤催生出了“文化创意产品”这一概念。作为刚走进国人生活不久，热议度颇高的一种“精神”产品，文创产品其实在英、美、法、德、日本等国家风靡已久。我国的旅游文创产品设计的产生也有较长的历史，只是开始不被人所熟知，因此缺少总结。我国古代出现的丝绸陶器都是带有装饰性的，这些作品在当时是人们的文化认知，符合当时人们的价值观。丝绸带有明显的中国文化，在丝绸花纹设计上就可以看出，把当时最为流行的纹样运用到丝绸的花纹设计上，就是典型的旅游文创产品。随着时代的发展，设计的理念开始慢慢引入我国，很长一段时间乃至现在都在探寻如何将传统文化与现代设计相互融合起来，本国的设计甚至成为时代的主题，在探寻过程中也随之产生了旅游文创产品设计；如最近大火的故宫文创系列产品借传统造型来塑造现代产品的外形。在一定程度内，旅游文创产品以旅游纪念品的方式进入市场，由于本土文化一般以旅游业进行传播，所以目前多数情况源于“本土文化”的旅游文创产品具备旅游纪念品属性，可理解为旅游文创产品是旅游纪念品的一种，也是近几年旅游纪念品行业的生力军。而旅游纪念品，其中还包含有传统文化的各类具有特色的本土化的产品，如土特产品、手工艺品等。

在大众物质生活水平普遍提升后，就会进一步想在精神层面获得满足。当对产品的精神寄托及美感追求超越了实用价值时，消费者就会心甘情愿地为此类产品的溢价买单。

从风靡全球的漫威系列及火爆全网的故宫文创，追溯到更早的 1986 年《西游记》大火之后大街上随处可见的金箍棒和美猴王面具，这些都是大众追求更高的精神文化生活的体现。

文创产品源于文化主题，这类文化主题具有以下三个特点：

（1）知名度高（传播快速，吸睛度高）。

（2）有一定受众，甚至有一批研究者。

（3）历经较长时间沉淀下来，有足够的背景故事可挖掘。

在此类文化主题上加入设计师的创意，将文化寄托于产品上使之实用化，让产品成为文化载体，更好地融入日常生活中。在满足物质性功能的基础上，加入了大量的精神文化，更多地满足精神层面需求。

设计师需要把当地的故事通过旅游文创产品设计表现出来，也就是设计到旅游文创产品中，这样的旅游文创产品才能被消费者所喜爱，否则旅游文创产品设计就不会被消费者所接受，最终沦为地摊商品。做旅游文创产品设计，脑子里没有想法、不去查资料是设计不出来的。带有明显属地性质的文创产品，如与博物馆、美术馆、景区合作研发的产品，是文创产品设计的大类。旅游文创产品的发展规律是产业化，终极目标是形成一个独立的产业，并为所有实体经济服务。旅游文创产品的核心资产是“无中生有”的知识资产，外在表现形式是知识产权的无形资产，产业特征是轻资产运作。

文化创意产品追求外表的独特性和内在的深刻性，是设计师创造性的产物，它通过创造力开启了新的产业链且为人类的精神生活带来了新奇的享受。不被动地迎合市场是文创设计的要旨。满足目前消费者的心理，主动创造新的需求，进一步激发消费者的购买欲望，这样才能进一步开发新的产业链。国民经济的比重和文化创意的占比能够反映出一个地区或国家的文创产业发展状况。随着人民生活水平的提高，人民日益增长的物质文化需求是促使文化创意产业繁荣与兴盛的基础。中国文化产业的发展分为三个阶段：第一阶段是 1949 年至 2002 年，该阶段称为文化事业阶段，主要满足文化生活需求；第二阶段是 2002 年至 2012 年，该阶段是文化产业的初级阶段，逐步形成重要的经济板块；第三阶段是 2012 年至今，该阶段是真正的文化事业 + 文化产业阶段，未来前景不可估量。

从我国目前文创产业的现状来看，我国的文创产业正处于低级的阶段，发展空间很大；各级政府已经出台政策扶持文创行业的发展，两者结合，文创产业的未来五年会是一个兴起的阶段。虽然文化产业大趋势向好，文化创意产业发展较快，但目前存在的问题也不少。文化产业起步晚，与国外同行业水平仍有不小的差距。

随着一批优秀的文创企业的崛起，不断有好的产品达到行业的领先水平，传统文化的继承者们也与时俱进，不断有极具设计感的传统手工艺品进入人们的生活。故宫文创、王的手创、朱炳仁铜、平加扇艺、大工小江、青锦、天工谷雨等一批将传统文化加以现代化设计的优秀品牌脱颖而出，为行业树立了良好的榜样。

1.2 旅游文创产品的现状

目前，旅游文创产品对大部分人来说是纪念物或工艺品，经济的提升将更多的关注点放在销售量上，在对地区的形象宣传及区域文化信息传递的表现上相对较弱。旅游文创产品一般由所需要的载体和文化创意内容两个方面组成。然而部分产品在文化创意内容上表现得过于直接，在产品与受众的对话当中表现得过于直白，在语言的传播上也与中国特有的谦虚、含蓄、内敛并不相符。设计与功能没有有效结合，产品的实用度较低，这样的问题就造成了文创产品在受众手中的时间大大缩减，即使其本身的质量并没有问题，但当其被频繁更换就导致原材料被大量浪费，成型的产品没有发挥价值，着实是对资源的一种浪费。产品非但不能起到文化传播的作用，还会让受众对区域文化产生消极的观念。

随着时代的发展和社会的进步，人们在基本的生活条件得到满足的基础上对生活品质的需求也随之增加。如今社会经济迅猛发展，人民的生活水平也比之前提高了很多，因此，人们越来越注重生活质量的提高，旅游成了陶冶生活的最佳方式之一，人们在旅游放松身心的同时也满足了精神层面的需求。随着生活水平的逐渐提升，人们对于旅游的需求已经提升到对精神满足和文化享受的阶层，旅游的过程便是欣赏、体验、经历、获取的整个过程。如果人在一个环境待久了，就会失去敏感度，没有激情，所以需要出去旅游，因此，旅游是每个人与生俱来的本能，也是适应新时代的重要生活方式。从国家统计局数据分析来看，我国国内旅游人数近五年呈现显著上升的趋势，这也间接地说明了人们越来越重视精神层面的满足。旅游文创产品记载着游客在旅行过程中的记忆，它不仅能够唤起消费者记忆深处的烙印，更能激发消费者的情感。消费者内心的情感会随着心情的变化进而发生改变，可以说是不断变化的，不同的旅游文创产品可以不同程度地触动消费者的内心，消费者在挑选旅游文创产品时也会融入当时内心的情感，因此，设计师在设计旅游文创产品时要适当融入情感，充分抓住消费者内心。

旅游文创产品体现的情感价值最重要的就是针对精神层面所带来的认同和享受，其次是设计方面的视觉冲击力。消费者在挑选和购买旅游文创产品时，希望能够体会到其情感的归属，因此应从设计和情感两个方面出发，造就情感和设计两个方面完美契合的旅游文创产品，抓住消费者的注意力，增强旅游文创产品的吸引力和感染力，从而进一步提升旅游文创产品的收藏价值、文化价值和经济价值，并为其找到新的发展视角和新的发展空间。

1.2.1 国内旅游文创产品的现状

“五位一体”“四化同步”成为旅游业不断发展的大背景。在这个背景下，我国发展旅游文创产品设计不再像之前只注重增加经济效益、促进经济发展，更注重的是保护环境、发展文化、提高地区和国家的形象等非经济功能。旅游文创产品设计在旅游购买中占据重要部分，因此，我国发展旅游文创产品设计也要迎合国家政策。旅游文创产品设计的开发不仅要扩大消费者的消费，更重要的是要打造当地的文化，提升当地的形象。随着人们生活水平的不断提高，旅游文创产品逐渐进入人们的生活中，作为旅游景区中无形的推销者，让旅游景区主动进入人们的视野中，使其主动了解景区文化。因此，传统且表达单一的旅游文创产品现在已经不能满足消费者更深层次的精神方面的需求。在重视游客需求的基础上进一步实现旅游文创产品特有的价值，这不仅是旅游模式下加强同游客关系的价值体现，也是游客的审美需求和感情升华的表现。目前，我国旅游业发展速度较快，旅游文创产品作为旅游业的重要增长点和重要组成部分目前危机重重。我国旅游文创产品相比国外旅游文创产品起步较晚、相对较少，占旅游收入的比例倒退的情况成为提高和发展旅游业的短板。旅游业目前不仅是民众的娱乐休闲，也慢慢发展成为一种经济行业，并且开始逐步产业化，旅游文创产品这一旅游业中的重要元素乃至必备元素也跟随旅游业的壮大而发展。旅游文创产品目前相对设计感不足，整体单一性明显，更重要的是不能和当地文化相互融合，工艺方面粗糙，材料选择上合理度不够，所以，这样的旅游文创产品对游客来说没有冲击力，不能吸引游客的眼球（图 1-2-1）。

针对这一问题，对现有国内旅

游文创产品的研究方向与成果进行统计，在中国知网检索发现关于旅游文创产品方面的相关文献有 514 篇，大致分为三类：第一类是关于地域文化在旅游文创产品方面的运用；第二类是关于旅游纪念品包装的设计；第三类则集中在纪念品设计的方法论方面。相关论文分类所占比例如图 1-2-2 所示。

旅游文创产品设计在理论上对现有的关于消费者需求的关注很少，而在现实的旅游文创产品市场中，游客常常抱怨买不到中意的旅游文创产品，卖家又常常抱怨生意难做，这是因为游客潜在的购买需求没有得到有效的释放，这也是造成该地区旅游文创产品缺乏吸引力的主要原因之一。目前针对国内旅游文创产品的分析得出以下问题。

（1）旅游文创产品市场同质化现象严重。在国内景区所销售的旅游纪念品中，独立研发部分并不多，有很大一部分不是本土生产，而是外地订购加工后再回来销售，产品色彩上雷同且缺乏创新，单一性严重，呈同质化无设计纪念品形势。如图 1-2-3 所示，两个不同旅游景区所销售的旅游纪念品在色彩和形式上都单一且无设计感，必然会使游客丧失购买欲望。不同景区的同类旅游文创产品几乎无较大差异，完全不足以吸引受众的关注。

（2）旅游文创产品市场呈现东拼西凑的现象。由于当前旅游文创产品的设计和开发没有专业人员把控，厂家在生产产品的过程中一味追求价格而忽略了景区定位的意识和质量问题，旅游文创产品中对特色景点及图案的转化不够精准独特，因此，大多旅游文创产品看不出归属景区，便无法传承和发扬景区的文化内涵。如图 1-2-4 所示，旅游市场上销售的文创产品从图案上看不出归属哪个景区。

图 1-2-1　市场现有文创产品展示

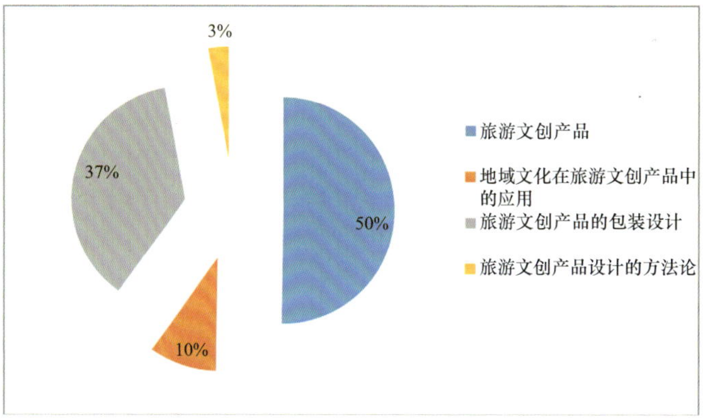

图 1-2-2　文创产品相关论文所占比例

图 1-2-3　市场现有文创产品展示

图 1-2-4　市场现有文创产品展示

（3）旅游文创产品市场呈现生搬硬套的现象。旅游文创产品缺乏新意，必然会与其他旅游景点所销售的文创产品雷同，对旅游文化的传承和弘扬不精准，创新性旅游文创产品短缺，不能很好地去适应新时代游客的审美追求和购买需求，使游客失去购买欲。如贵州苗族妇女喜欢刺绣，绣娘们会把她们的生活场景和一些动植物纹样绣在衣服上或其他地方，如图 1-2-5 所示的包包民族特色明显，但是在旅游景区市场上苗族出售的包包基本一致，看不出什么特色，生搬硬套现象明显，给人一种眼花缭乱的感觉。

（4）旅游文创产品市场复制现象明显。现在市场上的旅游文创产品中，大多创意感缺失，还有一些模仿和抄袭的成分存在。厂家以盈利为目的，不注重产品质量和设计，使旅游文创产品设计进步较慢，市场混乱，以假乱真的现象时有发生。好的创意是好的设计的灵魂所在，也是当今设计的宠儿，但是目前我国旅游文创产品在创意方面还显得有些不足，辨别度不够，不能给消费者留下深刻的印象。另外，复制的现象相对明显。旅游文创产品缺乏自己的个性、特征表现不足、设计元素反复使用、设计理念表达不准确、盲目效仿别人，这些现象都给当今旅游文创产品设计带来了不好的影响（图 1-2-6）。

1.2.2 国外旅游文创产品的现状

工业革命之后，英国、美国及日本经历了传统手工业文化与工业化批量生产之间的对抗、冲击、发展、调和，最终各自发展并形成了具有自己的文化特征的设计风格。因此，国外旅游文创产品相对发展较早、种类较多、创意丰富多样，旅游文创产品能够深入公众生产生活中，其蕴含的元素丰富，能够给消费者带来很好的消费体验。国外旅游文创产品善于将文化元素融入，以此来打造成系列产品，如同一元素相关联的不同种类的一系列旅游文创产品、运用不相同的文化元素设计的相同类型的一系列旅游文创产品。

目前，国外旅游文创产品已处在一个相对平稳繁荣的运营和开发阶段，无论是在组织管理、产品开发及资金、加工、宣传等方面都有自己完整且成熟的系统。吸收优秀人才的设计并与志愿者合作，将文学元素融入旅游文创产品设计中，种类丰富且注重对自身的宣传和与消费者之间的互动。英国旅游文创产品同样种类丰富、风格多样，可根据消费者需求提供定制服务和设计，还将本地独具特色并且出名的品牌开设设计专栏，注重打造自己本土的品牌文化，进一步增强自己国家的文化实力。澳大利亚旅游文创产品多关注历史文化生活，向公众传播文化的力量。

综上所述，国外善于吸引优秀人才的力量，不仅是设计师，还包括社会人士、志愿者，设计出能够吸引消费者的旅游文创产品；注重自己本国的历史和文化，能够充分地挖掘资源，向消费者传递温暖；注重开发旅游文创产品设计的新的方式及自己国家的服务和教育。

图 1-2-5 市场现有文创产品展示

图 1-2-6 市场现有文创产品展示

本章小结

本章分析了旅游文创产品的特点、内涵，以及目前旅游文创产品设计市场的现状和地位；概述了旅游文创产品设计的思想内涵和语言；强调了挖掘旅游文创产品设计的文化属性和视觉语言，才能在借鉴、吸收的基础上创造新的设计形式。

本章作业

根据旅游文创产品的特点、内涵归纳家乡的旅游文创产品文化元素。

第 2 章　旅游文创产品的分类

旅游文创产品是随着旅游业不断迅猛发展的产物，是实用性、审美性、地域性、文化性等特征的集合体，也是民族文化内涵更高层次的体现。凭借着多样的形式吸引着消费者的关注，如书籍、服饰、日用品、食品等都是十分具有代表性的旅游文创产品。从某种角度上来说，一件真正的旅游文创产品不仅能够满足消费者物质上的需求，更能够延伸至精神层面，以此来勾起消费者内心的情愫，从而实现与消费者的情感共鸣，最终满足其精神需求。这也是旅游文创产品的核心价值所在。根据旅游文创产品在日常生活中所处的环境不同，可以将其大致分为三个类别：一是生活用品类旅游文创产品；二是创意礼品类旅游文创产品；三是土特产品类旅游文创产品。本章分别阐述了旅游文创产品的特征及功能，并加以案例进行佐证；如在生活用品类旅游文创产品一节中阐述了有用性原则和对“日常性”的把握，即以产品的功能性、实用性与便利性作为导向指导旅游文创产品的设计活动；选用了比较典型的旅游文创产品设计案例，从旅游文创产品的造型设定、材质选择、色彩考量等方面进行了全方位的讲解与梳理。通过本章节的学习，同学们可以比较直观地了解到旅游文创产品的类别与在设计过程中应注意的问题，以及如何针对不同的需求打造出符合大众审美、满足受众实用功能需求的旅游文创产品（图 2-1-1）。

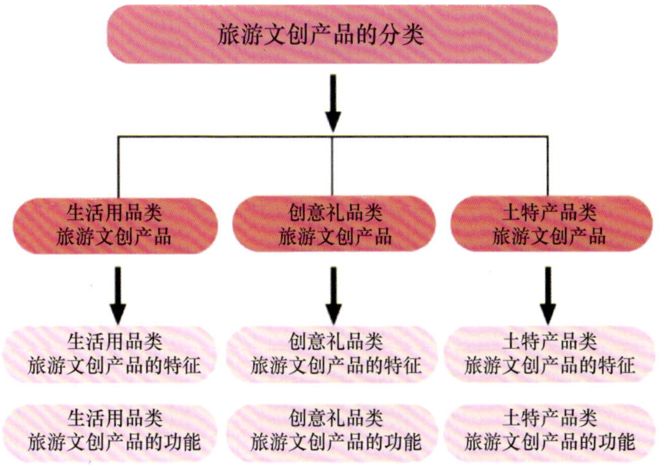

图 2-1-1　旅游文创产品的分类框架
（图片来源：作者绘制）

2.1 生活用品类旅游文创产品

生活用品类文创是20世纪晚期兴起的一股艺术设计潮流，其宗旨是“让艺术走向生活”。生活用品类文创产品作为满足现代审美需求的生活日用品并不是艺术作品，所以不必承担使“艺术走向生活”的责任和义务，并且因为其本身就是生活方式的一部分，所以也不存在“生活进入艺术”的问题；一般是具备传统文化内涵、满足现代审美需求的生活日用小商品，因此，设计的关键是注重其在日常生活中的有用性。由于生活用品类文创产品是“为生活而设计”，所以，其审美要求应该是回归生活的本质，褪去笼罩在生活上的虚饰，昭示生活本身所蕴含的美，即“如所存而显之”，达至产品的日常生活化。

2.1.1 生活用品类旅游文创产品的特征

日常生活中的有用性，即以产品的功能性和实用性为导向。生活用品类旅游文创产品是针对用户所需的一部分日常所用的产品。因此，此类产品的使用价值在日常生活中则体现得尤为重要，好的产品不仅要具有良好的造型，其本质的核心价值就在于是否能够给用户带来生活上的帮助，因此，要以产品的功能性和实用性为导向，尊重市场经济发展规律，满足用户的使用需求，同时，又能体现出传统文化中的元素色彩、语义符号和情感要素，综合以上特征方能够符合市场要求，满足用户需求，如床头灯、夏季驱蚊器等实用功能性产品形式。

如图2-1-2所示的鸟巢小夜灯，创作者的设计灵感来源于2008年北京奥运会的开幕式场馆“鸟巢”。产品整体造型简约大方，高度还原建筑的形体结构，内部安置柔光灯，使用户在夜间开灯时不会对眼睛造成不适感，将用户的使用体验纳入设计过程中重点考虑，充分体现了产品的功能性和实用性；同时，对2008年的北京奥运会开幕式场景进行了巧妙的还原，营造出灯火通明的气氛，使消费者每当看到此灯时都能回想起北京奥运会开幕式的壮观场面，流连忘返。该设计的成功之处在于在保证了产品造型美观的基础上，彰显了产品以功能性和实用性为导向的主要特征，给予消费者良好的视觉感受，同时，也满足了消费者对产品实用性的需求。

如图2-1-3所示的鄱阳湖系列水彩挂历设计，创作者的设计灵感源于鄱阳湖的花鸟鱼虫及周边景色，将鄱阳湖特色的风景及生物以插画的形式展现出来，用作挂历的装饰面，别有一番风趣；挂历是人们日常生活中极为常见的用品，有用性是其核心价值所在，因此，部分设计师往往把其定义为纯功能性的用品，而忽略了其审美价值，导致挂历设计全部以朴素无华的面貌展现在消费者面前；鄱阳湖系列水彩挂历设计巧妙地将鄱阳湖特有的艺术元素通过插画的手法与挂历有机结合，在保留挂历传递信息功能的同时，也颠覆了挂历传统的板式排

图2-1-2　鸟巢小夜灯（图片来源：网络）

图2-1-3　鄱阳湖系列水彩挂历设计（图片来源：路雨华绘制）

布，别具特色，吸引消费者进行购买，每当看到鄱阳湖系列水彩挂历时仿佛置身于鄱阳湖原生态的优美景色之中，引发消费者对鄱阳湖的情感共鸣。

传统文化为各个民族历史遗留的瑰宝，不仅是人们的精神食粮，也是一个民族屹立于世界民族之林的底气，因此，现代的产品设计要实现传统与现代结合、文化与科技碰撞；利用现代技术的支持，使生活用品类文创产品不断革新，增强生活用品类文创产品的使用功能，提升产品自身的价值，突出产品设计的个性，从而弘扬民族文化的魅力。

如图 2-1-4 所示，创作者是将傩文化中的傩面具文化元素作为设计灵感创作的作品。傩文化是我国传统文化中重要的组成部分，是人与自然相处过程中所产生的文化现象，通过独特的舞蹈与服饰，实现了人与自然的对话，获得了自身意志的释放与升华，有祈福纳吉、祛邪逐疫的寓意，是人们向往美好生活的一种真诚祈愿形式。创作者将傩文化元素中的傩面具元素的神态移植到现代电蚊香中，实现了二者的巧妙同构，与现代技术相结合解决用户需求，使古老神秘的傩文化重新焕发出光彩；同时，傩面具电蚊香的功能也与傩文化的美好寓意达成高度统一，强化了二者的核心内涵在产品中的契合度的同时又极具时代感。

如图 2-1-5 所示的故宫祥瑞麒麟硅胶夜灯，创作者以故宫祥瑞麒麟的造型作为硅胶夜灯的设计灵感来源，通过巧妙的艺术加工，为古老神秘的神兽赋予更多亲和力和俏皮的性格；硅胶灯内置暖光源，加倍柔和，长时间使用也不会对眼睛造成伤害，打开底部按钮之后，轻轻拍打灯体则可以变换光的强度。巧妙的设计增强了人与物之间的情感互动。麒麟是中国古代瑞兽之一，慈宁宫正门台阶前就陈列着一对威严的鎏金铜麒麟。古人认为麒麟出没之处必有祥瑞，因此，麒麟也有“仁兽”之称。相传，麒麟能够口吐玉书，因此，麒麟常常用来比喻德才兼备之人；将故宫的祥瑞之意融入现代生活中，实现了现代技术与我国传统文化的有机融合，拓宽了传统文化的传播渠道及途径。

如图 2-1-6 所示的畲族梳子、尺子组合，设计者将畲族中的人物形象以卡通的形式进行展现，将其造型经过简洁化处理与梳子的造型结构完美融合，通过降低其固有色纯度及亮度的手法，使原有的人物形象在视觉感受上更加舒适，为原本造型普通的梳子增添了趣味；同时，将畲族服饰中的纹样应用到尺子中，以鲜明的色块及二方连续图形重复结合到尺子中，给人以特殊的视觉体验，使儿童在使用过程中，还可以了解到畲族文化的魅力，使用之余还会主动去寻找关于畲族文化的靓丽之处。设计者以产品的实用价值作为设计的出发点并且融入中国传统文化，使二者相辅相成，使原本平淡无奇的日常生活用品具有了民族特色，对发扬中国传统文化有着积极的作用。

图 2-1-4　傩面具电蚊香设计
（图片来源：王丽茹绘制）

图 2-1-5　故宫祥瑞麒麟硅胶夜灯
（图片来源：网络）

图 2-1-6　畲族梳子、尺子组合设计（图片来源：张田绘制）

如图 2-1-7 所示的山哈酒包装设计，创作者将中华畲族宫的建筑造型与畲族村落的屋檐线条相结合，摒弃了目前市面上大量的繁复性装饰，使本包装更加具有时代性的简约美感，同时，也体现了重拾中国传统文化的设计思路。在对屋檐造型的提取过程中作者将实用性的设计原则进行重点考虑，优美的房檐线条不仅对打开包装后的酒起到了装饰性的作用，同时可以作为提手，给消费者增添了便利性与实用性的使用体验。

如图 2-1-8 所示的畲族竹编灯具设计，创作者通过解构的设计手法对竹编工艺进行层次性分解，提取出竹条的造型，将其与现代灯具相结合，使原本普通的灯具更具有艺术感与审美性。消费者在购买此灯具时可感受到浓厚的传统畲族手工艺气息，外部连续重复的竹编线条包裹下的灯具显得格外别致。经过包裹后的灯具所散发的光更加柔和，在夜间使用对眼部起到很好的保护作用，体现了产品对消费受众的人文关怀，实现了产品的实用性与艺术性的完美融合，既给予了消费者良好的使用体验，又在一定程度上对中国畲族的传统竹编工艺起到了很好的宣传作用，拓宽了中国传统文化的宣传渠道。

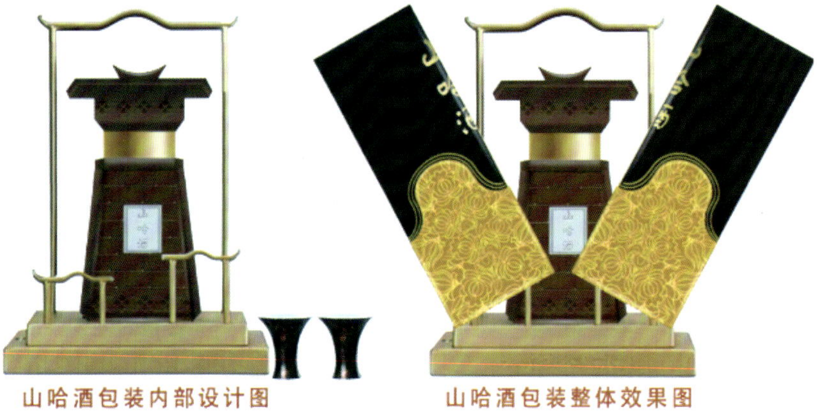

图 2-1-7　山哈酒包装设计（图片来源：张田绘制）

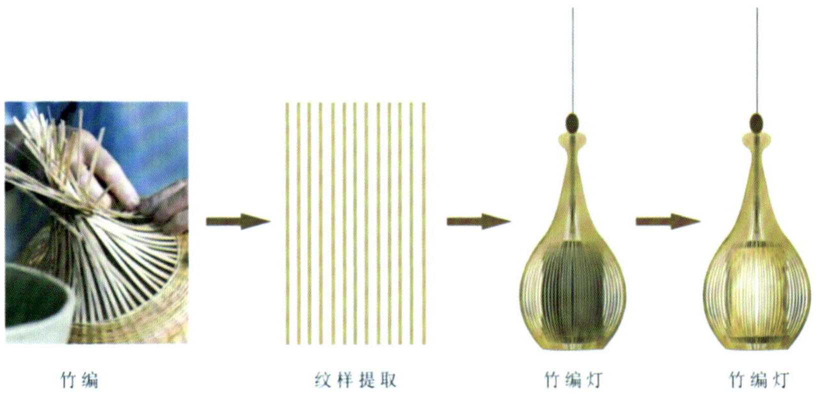

图 2-1-8　畲族竹编灯具设计（图片来源：张田绘制）

2.1.2　生活用品类旅游文创产品的功能

（1）对产品设计“日常性”的把握，即带给生活便利性。生活用品类旅游文创产品以生活为主题的设计在生活语境中有其重要的意义，旨在为生活提供便利性；具有时尚外观和良好功能的文创产品提高了消费大众的生活品位与质量，多方面满足了受众群体多样化的需求，提升了其购买的积极性。

如图 2-1-9 所示的傩文化插座设计展现了对生活的便利性的同时还表现出了产品的美。插座是生活中常见的产品，内涵方面将傩面具吉祥驱疫的寓意融入插座设计中，外观设计中将传统傩面具中的赣傩艺术元素提取、凝练、重组、再造，形成符合时代发展的艺术元素，利用工艺手段如印刷工艺、装饰工艺等将其与产品完美融合，得出具有赣傩艺术特色的插座设计。赣傩面具的插座设计巧妙利用面具中的特定形象和插座进行结合，在设计中涵盖傩文化气息的同时不缺少现代设计感，展现美的同时不缺乏生活便利性。

如图 2-1-10 所示的千里江山金箔手工皂，创作者以《千里江山图》中的群山作为创作蓝本与灵感

图 2-1-9　傩面具插座设计
（图片来源：涂勇绘制）

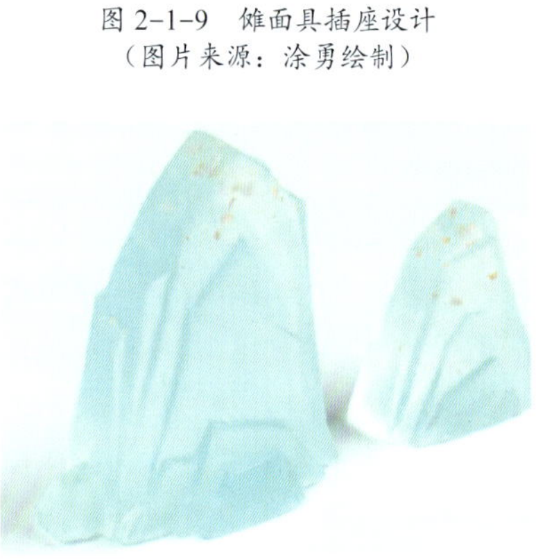

图 2-1-10　千里江山金箔手工皂
（图片来源：网络）

源泉，通过手工雕塑的手法将其立体化，以手工皂为载体，以宫廷配方为基础，结合现代制皂工艺，添加金箔在手工皂中，金星点点，给人以赏心悦目的视觉效果；手工皂整体造型高度复刻了《千里江山图》中的山体造型，设计小巧、便于携带，可以将其摆放在办公室或洗漱台上作为一个装饰部件，给消费者的日常生活增添了便利性与趣味性。

（2）对用户使用需求的满足，即展现产品的使用价值。生活用品类旅游文创产品是围绕生活进行文化创意的产品，是对市场需求的满足。文创产品以文化为基础，以生活为亮点，生活用品类旅游文创产品设计满足了市场消费的需求，同时也是未来设计的发展趋势。

如图 2-1-11 所示，红酒开瓶器是外来引进的产品，主旨是满足使用者打开酒瓶的需求。当它与传统赣傩元素结合时又是不同文化地的碰撞。傩舞红酒开瓶器设计以生活为亮点、以文化为背景去满足市场消费的需求。红酒开瓶器整体造型采用傩舞服饰中的元素进行设计，手柄黑色部位采用防滑橡胶，开瓶器腰部中间采用镂空设计，可以清楚观察到其内部机械工作状况，增加视觉体验。开瓶器设计是傩舞翩翩起舞的形象与美好的寓意的结合，化繁为简，直接明了地传达赣傩傩舞元素的个性特点，同时重点突出开瓶器的用途，重在满足使用者的需求。

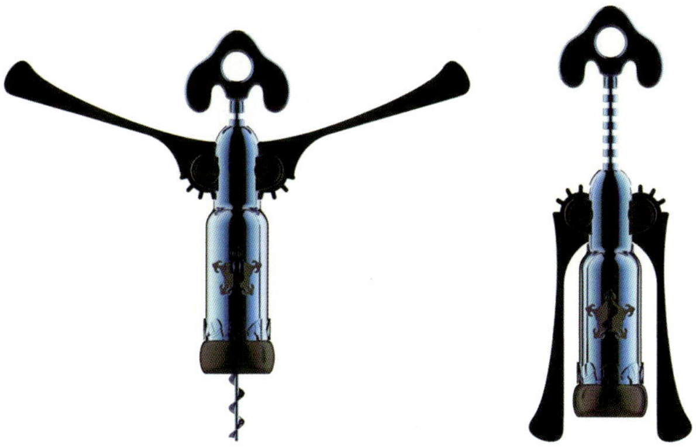

图 2-1-11　傩舞红酒开瓶器设计
（图片来源：王丽茹绘制）

如图 2-1-12 所示的故宫花间迷蝶金属书签创意书夹，创作者以故宫博物院藏清代团花纹盖罐为设计灵感，以文物中各式各样的花朵为底，优美灵动的蝴蝶点缀其中，构成双蝶飞舞、花间迷漫的优美场景。蝴蝶轻盈的身姿富有强烈的动感，飘荡于花田之间，花朵的大小疏密有致，是一款观赏性、实用性与收藏性兼备的书签，既能自用也能作为赠礼佳品；区别于其他古板的书签，此产品将蝴蝶在花田中翩翩起舞的优美形态展现得淋漓尽致，将其夹在书页之间醒目美观、简洁实用的同时，对书籍来说也是一种装饰，烘托出了意境美。书香门第与蝶舞花间形成了环境的共鸣，别具一番特色。

图 2-1-12　故宫花间迷蝶金属书签创意书夹
（图片来源：网络）

如图 2-1-13 所示的畲族系列团扇设计，创作者将畲族的凤凰图腾作为设计灵感来源，将优雅美观的传统凤凰图腾转化为团扇的外部形态，使其富有灵动的凤凰造型，具有极强的视觉美感；下配有挂链，可将其系于腰间作为装饰，别有一番风味。同时，设计者还将凤凰的造型移植到了丝巾设计中，炎炎夏日，蒲扇用来扇风纳凉，丝巾可用来擦去汗水，二者相互配合，相辅相成；经过设计后的团扇及丝巾解决了受众原本将扇子和丝巾随身携带的累赘感，不仅具有了便利性，而且更加具有统一性与美观性，实用的同时也可作为装饰品随身携带。

图 2-1-13　畲族系列团扇设计（图片来源：张田绘制）

如图 2-1-14 所示的畲家白茶包装设计，创作者将畲族传统建筑中的草寮作为设计的灵感来源，以手绘线稿的形式展现到畲家白茶的外包装中。手绘线稿的艺术形式本身就具有年代感，侧面烘托了畲家白茶的原生态与绿色健康的理念，给予受众朴实无华的设计感，增加了消费者的购买欲望与积极性。在材质上则选用了牛皮纸和麻布作为包装的主要材料，更是提升了畲家白茶的原生态理念。同时，创作者在包装设计中还增加了附加产品的设计，购买白茶的同时还会附赠茶匙和茶杯，消费者则不需要再去单独购买相应的配套产品，增加了产品的体系感与系列性的同时，实现了与消费者之间的良性互动，也实实在在地便利了消费者，体现了设计者在设计过程中对于文创产品的“日常性”即带给生活便利性的着重考虑。

如图 2-1-15 所示的畲家乌米饭包装设计，创作者将畲族当地的山水文化元素与畲族人民制作乌米饭的过程外化到包装设计中，以手绘线稿的形式进行展现，使消费者在购买产品后通过外包装可以了解到畲族乌米饭的制作流程。主产品的底座采用竹编材质，其他包装则采用麻布材质，体现了畲家乌米饭的绿色无添加的产品理念。同时，每个产品都有独立的小包装，消费者在将乌米饭带回家后只需要微波加热即可食用，极大地节省了消费者对食品加工的时间成本，也体现了设计者对于消费者在日常生活中对便利性的实用需求的考虑，符合当代消费者时间紧迫的特征。

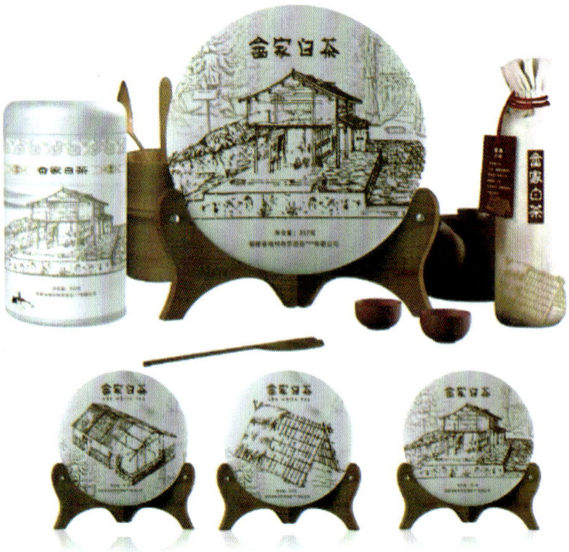

图 2-1-14 畲家白茶包装设计（图片来源：张田绘制）

图 2-1-15 畲家乌米饭包装设计（图片来源：张田绘制）

2.2 创意礼品类旅游文创产品

创意礼品类旅游文创产品是由创意市集这个概念引出的，创意市集专门售卖富有创意、时尚、原创、非量产的产品。

2.2.1 创意礼品类旅游文创产品的特征

（1）文化体验与创意融合，即将传统文化与独特创意完美匹配。创意礼品类旅游文创产品创新设计方法研究的宗旨就是在保持文化持久性的同时，关注文化发展所必需的递进、延伸、对接和多元，从而有效地消除这些矛盾。将保护传承和创新发展相结合，一方面，在保护旅游产品多样性和独特性的基础上，通过创新方法进一步推动传统工艺美术产品融入现代生活；另一方面，又在保护传统工艺美术的基础上，促进新技术、新工艺、新产品的开发，通过增加艺术含量和科技含量来提高产品的附加值，为设计出弘扬历史文化，突出地域特色的旅游文化产品进行积极探索。

如图 2-2-1 所示，傩舞创意化妆品设计在保持傩文化特色的同时通过创新方法进一步推动傩文化创意产品融入现代生活。在造型、色彩、纹样的巧妙搭配上打破了以往理性、冷漠的设计风格，创造出了更富有层次、张力且独具个性的新形式，给人们带来了特殊的色彩美、视觉美、纹样美，体现了轻松、幽默、个性、愉悦的氛围。多种配色让产品更加适合都市年轻人的审美需求，同时，选用低碳环保的硬瓦楞纸，质感优良，容易分解，色彩明亮艳丽，可多次循环利用且价格相对低廉。傩舞元素富有吉祥寓意，装饰性强的傩舞的外形与吉祥寓意紧密结合，有利于传统民族文化融入现代生活中，传播出赣傩艺术元素独特的价值体系、文化内涵和精神品质。采用现代设计审美中流行的设计手法，在表现产品个性化特点时也从多元化的层面去融合地域传统文化，促使赣傩艺术元素适合现代的生活方式。

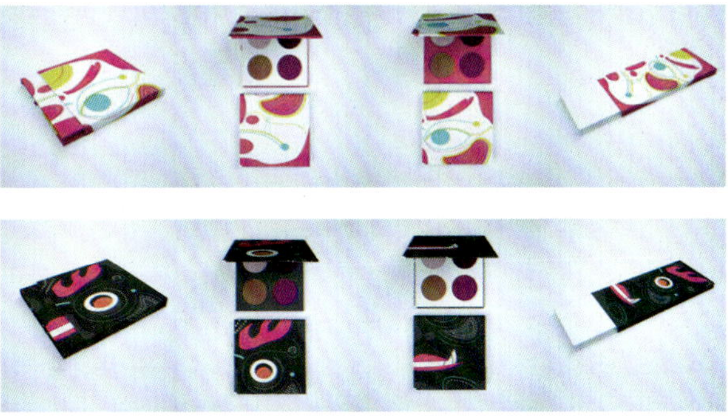

图 2-2-1　傩舞创意化妆品设计
（图片来源：程泯越绘制）

如图 2-2-2 所示的故宫紫禁“太平有象”挂饰。“太平有象”为紫禁城中的饰物形象，常成对出现在皇帝的宝座两侧，象高大威严、稳如泰山，被历代誉为瑞兽，有着五谷丰登、江山永固、天下太平的美好寓意；创作者的灵感来自“太平有象”的吉祥形象，将这一传统题材加以设计，赋予其新的艺术活力；附带的宝瓶也具有宋代汝窑的艺术特色，将经典的陶瓷开片纹饰具象化，有“碎碎平安”的寓意，与“太平有象”交相呼应；创作者将传统文化与独特创意完美匹配，弘扬了传统文化的同时，也对文创产品内涵全新升华。

图 2-2-2　故宫紫禁“太平有象”挂饰（图片来源：网络）

（2）随从主流的设计理念，即产品的设计与时俱进，符合当代人都市生活之所需。对于当前创意礼品类旅游文创产品的设计来说，优秀的产品都是具有共性的，其在设计之初就符合当时的文化背景，同时与社会发展阶段也相契合，能够随从主流的设计理念，但是又不仅局限于传统的文化理念，而是实现了旅游文创产品的创新。很多事件都已经表明，在创意礼品类旅游文创产品的设计中需要实现创意与精致的结合。

图 2-2-3　故宫猫手机架设计（图片来源：网络）

如图 2-2-3 所示，故宫猫手机架设计对故宫文化底蕴和流行时尚元素进行完美的融合，以“天子之宝”为创意元素，制成小猫咪扑向玉玺的形态，呆萌可爱；提取有潜力的故宫文化元素形成 IP 形象，将产品赋予 IP 文化创意和新的创造力。故宫猫手机架设计符合当下的文化背景，跟随现在主流的设计理念，在传统的文化理念中实现了手机架设计的创新。故宫猫手机架设计在设计风格、产品种类、质材物料等方面实现了创意和精致的结合，在风格、题材、价位方面满足了社会不同层次的购买需求。

图 2-2-4　故宫海错图 U 形枕（图片来源：网络）

如图 2-2-4 所示为故宫海错图 U 形枕。《海错图》是清朝康熙年间由画家聂璜绘制的一组图谱。聂璜用生动的图片和文字记录了他在中国沿海亲眼所见的各种生物。时代所限，书中记述时有夸张，有很多不靠谱之处，关于生物习性的记载也是真假混杂，但妙趣横生，深受清朝皇室喜爱。创作者对《海错图》

中的生物施以可爱化与夸张化的设计手法进行再塑造，使原本造型怪诞的生物变得呆萌可爱，深受年轻人的喜爱，工作之余也便于作为枕头稍加休息。此设计与时俱进，符合当代人都市生活之需。

如图 2-2-5 所示的畲族竹编工艺耳饰设计，创作者对竹编工艺中的架构进行详细分解与重组，对其中的局部进行截取，使原本空间层次繁杂的穿插关系转化为扁平化的平面视觉效果，设计成耳饰，别有一番特色，整体简约大方，高度还原了畲族竹编工艺的流程及结构，实现了传统畲族竹编工艺与现代设计的完美融合；不仅做到了赋予文创产品“文化的内核”，同时又潜移默化地宣扬了中国传统文化，即文化体验与创意相融合，将传统文化与独特的创意完美匹配。

如图 2-2-6、图 2-2-7 所示的畲族民俗元素系列文具设计，创作者将畲族传统民俗文化中的人物形象、婚庆礼仪民俗元素从二维转化为三维立体，并移植到文具系列用品中。当人们打开笔记本时，映入眼帘的便是栩栩如生的畲族婚庆礼仪画面，新娘身披新装，新郎跪于新娘身旁，别样的民俗风情一览无余地展现在受众面前，使用户对产品产生丰富的情感联觉，从而获得文化感染与认同。同时为了方便用户收纳，创作者还设计了文具套盒装，并配有笔、胶带，以及在写日记时用来记录天气的印章，巧妙地在促进了产品与消费者之间沟通互动的同时增加了产品的趣味性，实现了文化体验与创意的完美融合。

如图 2-2-8 所示的畲族服饰系列茶包设计，创作者对畲族服饰文化元素进行提取，通过现代设计手法，对原有色彩及服饰形态进行优化，通过降低其固有色的纯度、明暗、对比等，实现视觉上的舒适感与和谐感，从而富有现代美学特征；用户在打开此茶包包装时，仿佛是打开了畲族人民的衣柜，琳琅满目的“服饰”呈现在眼前，极具趣味性。用户在选择茶包的同时仿佛是在挑选衣服，迎合了受众的心情的同时，基于消费者选择的余地，强化了消费者与产品之间的情感互动，从本质上实现了文化体验与创意的完美融合，拓宽了传统文化的传播渠道。

图 2-2-5　畲族竹编工艺耳饰设计（图片来源：张田绘制）

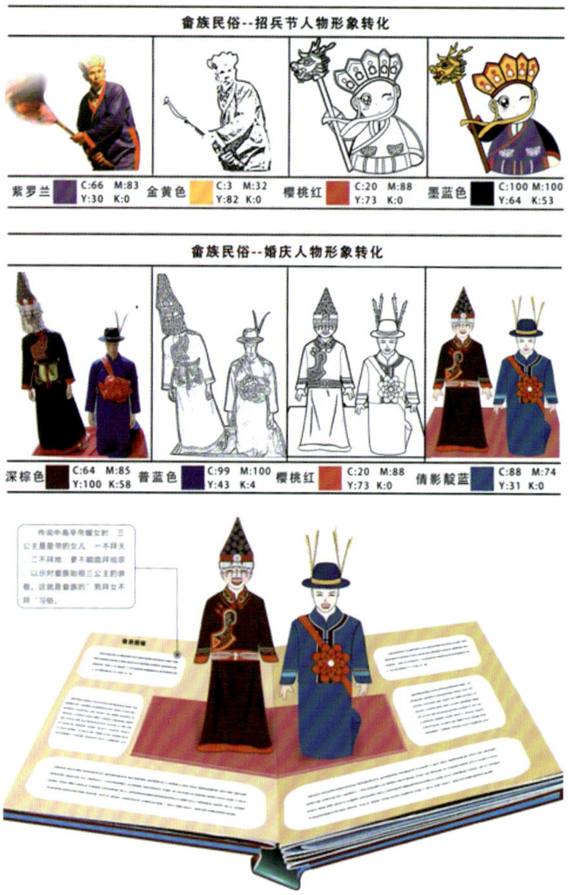

图 2-2-6　畲族民俗文化元素系列文具设计——笔记本（图片来源：张田绘制）

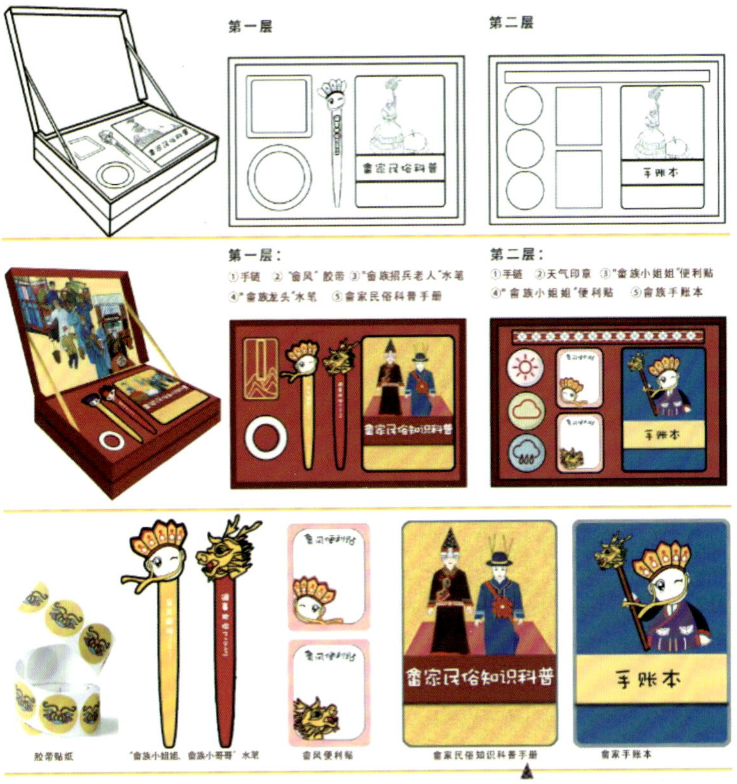

图 2-2-7　畲族民俗文化元素系列文具设计——文具礼盒设计（图片来源：张田绘制）

图 2-2-8　畲族服饰系列茶包设计（图片来源：张田绘制）

图 2-2-9　千里江山手表设计
（图片来源：网络）

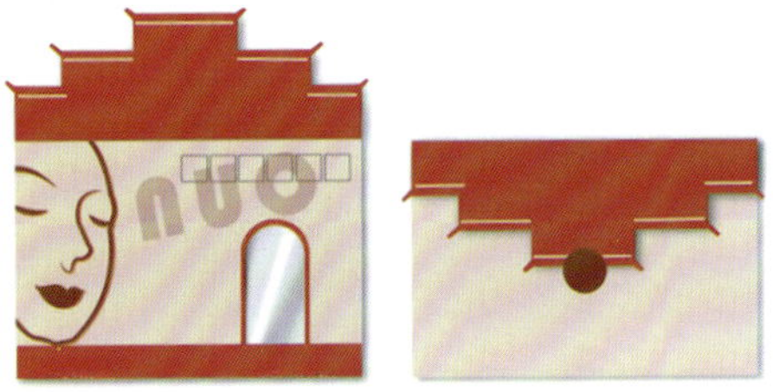

图 2-2-10　傩庙信封
（图片来源：网络）

2.2.2　创意礼品类旅游文创产品的功能

（1）满足用户情感体验的需求，即产品能够在与人的交互中给予使用者传统文化与生活的体验。随着创意礼品类产品竞争激烈程度的加剧，人们对产品的需求也越来越多，划入产品功能范围的因素也随之增加。创意礼品类旅游文创产品的设计过程中不仅要注重对地域文化特色的引入，更需要注重文化特色引入的过程能够给予使用者情感的互动与融合，具有创新性的设计理念。

如图 2-2-9 所示，千里江山手表融合王希孟十八岁时用半年画成的《千里江山图》的一部分景色作为表盘的装饰，实现了传统与现代的有机融合；画面色如宝石、光彩夺目，既有江河之秀美，又有高崖飞瀑，整体画面不繁杂，且通体富贵；抬腕间眼前便是秀美河山，仿佛在时间里游走，这一刻祖国大好河山已成永恒。创作者将中国传统水墨画与现代手表相融合，满足了用户对中国传统文化的认同感和情感体验需求。用户在使用过程中，既欣赏到中国传统文化之美，又丰富了日常生活中的乐趣。

如图 2-2-10 所示，傩庙信封的设计灵感来源于傩文化中的傩庙元素，将傩文化中的傩庙造型进行提炼与简化，将其轮廓移植到信封包装的造型中，使原本中规中矩的信封变得具有傩文化特色，打破了设计师的固有思维；信封作为执笔者对于亲朋好友美好祝福与慰问的外包装，同时，傩庙中供奉着的是傩神，是古老先民们对风调雨顺、五谷丰登的美好祈愿，使二者的寓意完美融合，给平平无奇的信封增添了一丝趣味。消费者在使用信封时，便能够联想到傩庙的美好寓意与寄信人的真心真意，强化了产品与消费者之间的情感交互，丰富了日常生活中的体验。

（2）满足用户时尚流行元素的需求，即通过再设计改变传统旅游产品几十年如一日的固有形态，注入新的要素来满足消费者的现代审美需求。结合时代的需求、文化的多元进行创新设计，多方面元素融合在产品的设计中展现地域文化的魅力，使产品具有与时俱进、追随时代的审美趣味。

如图 2-2-11 所示的傩面系列渔夫帽，创作者的灵感来源于傩文化中傩面具元素，傩文化是我国传统文化中的重要分支，它象征着古老先民对美好生活的祈愿，创作者将傩面具中的典型形象作为装饰，将其可爱化的再设计，使装饰元素更加清新简约而不失鉴赏性，使产品意境深邃，极富装饰趣味和时尚性，于写实中充满浪漫情调，创作者将作品中所蕴含的意蕴加以延伸，将象征着风调雨顺、五谷丰登的傩文化更加协调地与渔夫帽融合，彰显了傩文化特有的美好祝福，同时整体画面简约而不繁复，符合当下年轻人群对简约美的要求。

如图 2-2-12 所示的傩面系列帆布包，创作者以傩文化元素中的傩面具作为设计灵感，创意区别于以往的傩面具狰狞可怕的形象，画面中的傩面憨态可掬、优雅唯美，给人以亲近感，寓意祥瑞祝福；画面虚实结合层次感极其丰富，区别于以往的贴图文创，别具一番东方韵味，富有共同之美，营造出浪漫神秘之感，结合当下广受年轻人喜爱的帆布包，美观实用，实现古典韵味与现代生活美学的巧妙结合，以此来满足消费者的现代审美需求。

如图 2-2-13、图 2-2-14 所示的畲族旅游文创产品——“仙宫桥”茶具设计，创作者对仙宫桥进行解构，将解构后的仙宫桥各个部分元素进行重组与调配，使其转换为茶具的造型，同时提取仙宫桥下湍急的河水，将其纹样置于茶具表面，还原了仙宫桥气势磅礴的场面；同时附赠茶杯，极大地增强了产品的体系感与系列感，降低了购买配套产品而花费的时间金钱成本；当消费者回到家后，再次打开此套茶具，扑面而来的是对仙宫桥满满的回忆，使消费者情不自禁地回忆起有趣的游玩情节，增强了产品与消费者之间的情感互动，满足了消费者的情感体验需求。此套产品通过重构与解构的设计手法对中国传统建筑进行传承与发扬，以此向大家展现中国传统建筑的“根”和“魂”。

图 2-2-11　傩面系列渔夫帽
（图片来源：黄诗琪绘制）

图 2-2-12　傩面系列帆布包
（图片来源：路雨华绘制）

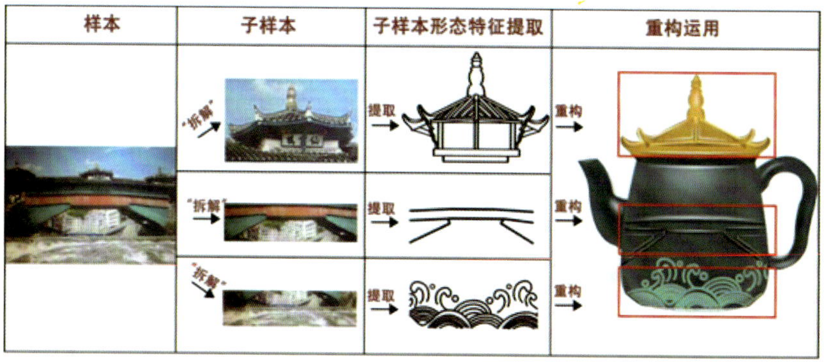

图 2-2-13　畲族旅游文创产品——“仙宫桥”茶具设计元素提取流程图
（图片来源：张田绘制）

图 2-2-14　畲族旅游文创产品——“仙宫桥”茶具设计
（图片来源：张田绘制）

如图 2-2-15 所示的畲族服饰系列口红设计，创作者将畲族服饰中的纹样进行提炼与解读，通过提取最具特征的文化符号进行表现，从而赋予产品独特的文化语义；不仅美化了产品的视觉效果，也使产品更加具有文化价值；同时设计师在口红膏体上雕刻有凤凰图腾纹样，增加其附加价值，使此款产品不仅在平面视觉上具有强烈的艺术感，同时也是一件精美的雕刻艺术品，具有现代审美特征的同时也具有浓厚的畲族传统文化韵味，满足了消费者对于情感体验的需求，拓宽了中国传统文化的宣传渠道及展现形式。

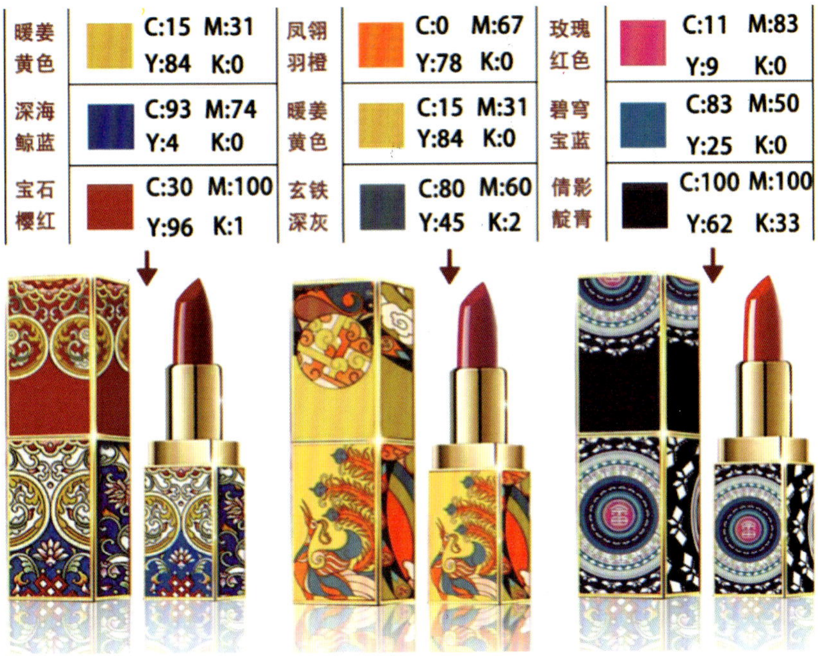

图 2-2-15　畲族服饰系列口红设计
（图片来源：张田绘制）

2.3 土特产品类旅游文创产品

土特产品类文创产品是指某地特有的或特别著名的产品，有一定的历史和文化内涵。土特产品类文创产品不仅包含着农林特产，也包括矿物产品、纺织品、工艺品等，是特定地域源远流长、极具特色的生态、民俗、传统、习惯等文明表现，其表现的是一种特定的文化内涵，因此，在旅游业的发展中占有极其重要的地位。在旅游纪念品中，地域文化元素的融入与设计显得尤为重要，同时，在土特产品的包装、造型、食品原料上也应当注意对当地民风民俗、宗教信仰等方面的考虑，做到尊重文化多元，方能够被广大消费者所接纳，打造良好的市场竞争力；土特产品类文创产品充分展现了生活风俗和文化表征，挖掘产品及其包装的文化属性和视觉语言，在吸收和借鉴的基础上创造出新的设计形式，有效地表达了地域文化的情感；除此之外，在现代信息技术如此发达的情况下，好的文创产品也能够成为地域文化广泛传播和传承的有效媒介。

2.3.1　土特产品类旅游文创产品的特征

（1）具有浓厚的地域文化特征，融入风土人情元素。土特产品类旅游文创产品是游客在旅游过程中购买的具有地域特征的物品，因此，土特产品类旅游文创产品也属于特色旅游商品。旅游对于游客来说，主要是在旅游过程中体会不同地区的人物风貌、风俗状态，并因此获得与日常生活不同的体验，这种体验越丰富，对游客的吸引程度就越大。正因如此，土特产品类旅游文创产品的设计就与当地特有的风土人情、自然风貌、生活习俗等相互结合，设计出在日常生活中不能感受到的独特文化内涵；采用独具特色的材料、工艺、设计等将当地特有的地域特色以土特产品类旅游文创产品充分体现出来，吸引更多消费者的目光。

如图 2-3-1 所示，傩庙和合酒土特产包装设计整理和提取赣傩艺术元素，使土特产包装设计有自己独特的识别效果，同时，加入赣傩艺术的独特元素，做到艺术性与识别性的结合。傩庙和合酒土特产包装设计展现了当地的风土人情、自然风貌和生活习俗，使购买者获得了与平时生活不同的体验。包装采用独具特色的材料、工艺、设计等提炼简化出傩庙的外部形象并加入傩面具的和合形象，利用傩庙的庙饰纹样作为包装的外形元素，充分体现出当地特有的傩庙特色，做到艺术设计和识别情感的完美融合，既实现了游客对产品的内心需求，又对当地文化起到了保护与传承的作用。

如图 2-3-2 所示的哈尔滨地域文化元素红肠包装设计，创作者选用哈尔滨地域文化元素中的建筑文化元素作为设计动机，将哈尔滨著

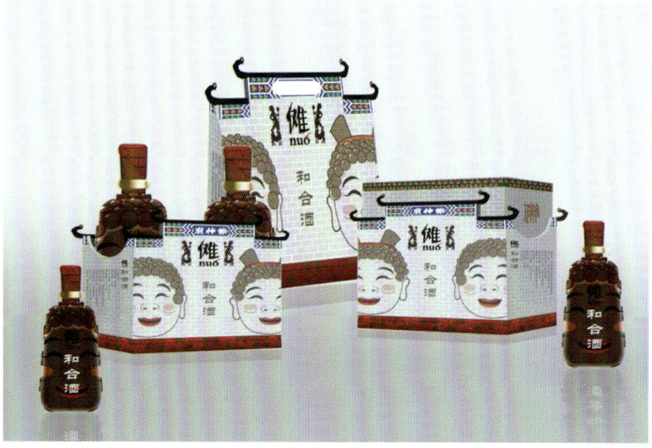

图 2-3-1　傩庙和合酒土特产包装设计（图片来源：王明哲绘制）

图 2-3-2　哈尔滨地域文化元素红肠包装设计
（图片来源：周靖康绘制）

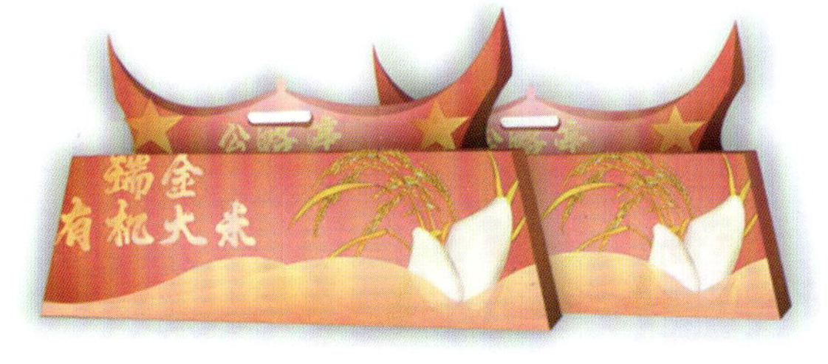

图 2-3-3　瑞金有机大米包装设计（图片来源：周靖康绘制）

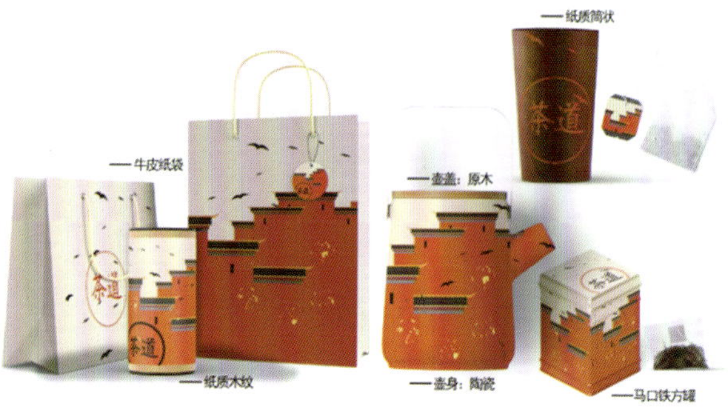

图 2-3-4　云雾茶叶包装设计（图片来源：路雨华）

名建筑圣・索菲亚教堂进行造型上的提炼与色彩上的汲取，对建筑形态及色彩进行优化，使其更具有现代感与时尚感；以插画的形式对其进行全新的构造并应用到红肠包装设计中，从而彰显独特的哈尔滨建筑特色。哈尔滨作为一座冬季旅游城市，地域文化的宣传和输出是城市经济发展的重要一环，因此，将哈尔滨当地的风土民情与地域文化特征融入土特产品包装设计中，具有积极的现实意义，对当地的经济发展与文化传播起到强有力的推动作用。

（2）具有地域文化的纪念价值，赋予产品文化的内涵。土特产品类旅游文创产品并不具有实体意义，它所代表的是当地的文化象征和特殊体验，也是对一段回忆的纪念，还是对地域文化的浓缩留念。土特产品类旅游文创产品的纪念价值是指游客在旅游的过程中对旅游景点的感受和心灵体验，对自己所经历的活动和事情的体会。游客会将旅游过程中的所见所闻深刻地印在自己的脑海中，并在旅游结束后对它进行回忆和感悟。从游客内心的角度来说，对旅游过程的回忆和感悟就是纪念性的价值所在。消费者购买土特产品类旅游文创产品是基于情感需要，土特产品类旅游文创产品是一种文化产品，因此，土特产品类旅游文创产品设计应作为一种文化形态来对待，具有地域与民族文化特色的同时又符合现代人审美心理。

如图 2-3-3 所示的瑞金有机大米包装设计，结合了瑞金的红色遗迹文化元素，巧妙地将公略亭与大米包装进行同构处理。公略亭是为纪念大革命家黄公略前辈而建造的，生动的公略亭形象映射出黄公略前辈的丰功伟业，栩栩如生；所谓睹物思人，往事历历在目，唤起消费者对瑞金革命先烈的无限追忆，感悟瑞金红色文化的同时也强化了产品的造型特征，使其富有浓厚的地域文化韵味，赋予产品独特的历史文化内涵。消费者将包装内部的产品取出之后，也可以将包装作为装饰品摆放在室内，作为对于公略亭即革命先烈的怀念之情，使消费者对于旅游时的情感得以延伸。

如图 2-3-4 所示的云雾茶叶包装设计，创作者将鄱阳湖周边具有特色的地方建筑进行提炼、简化，移植到云雾茶叶包装中，赋予茶叶浓郁的地域文化韵味，使消费者不仅停留在品茶的环节，同时也可以“赏茶”，增强了消费者与鄱阳湖地域文化的情感沟通。泡茶时茶包悬挂的小配件，消磨了等待泡茶时的无聊时间，也是一种极具地域文化内涵的装饰。

如图 2-3-5 所示的畲族婚庆礼品系列包装设计，创作者将畲族传统文化中的婚庆元素融入包装设计中，极具当地风土人情特色；通过对婚庆服饰中的造型及纹样的提炼实现产品与服饰的“同构”，喜糖包装的开口处采用新娘的领口造型元素作为设计灵感，将凤凰图腾的纹样应用其中，受众收到此贺礼，便可以感受到浓厚的婚庆韵味与民俗风情。设计师通过将畲族传统民俗元素进行与产品的有效结合，做到更好地为受众解说畲族传统文化，

图 2-3-5　畲族婚庆礼品系列包装设计（图片来源：张田绘制）

图 2-3-6　畲族手工茶饼干系列包装设计（图片来源：张田绘制）

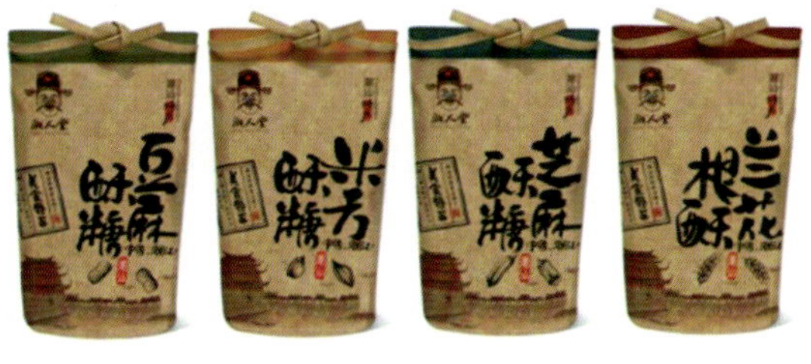

图 2-3-7　潮人堂土特产品包装设计（图片来源：网络）

帮助受众领略别具特色的民俗风情，从而给其留下深刻的印象。

如图 2-3-6 所示的畲族手工茶饼干系列包装设计，创作者将最具代表性的畲族凤凰图腾进行提炼与再设计，对其形态、色彩及构图进行变换，实现了凤凰图腾纹样栩栩如生地展现在受众面前。此系列产品不仅可以在视觉感官上吸引用户的眼球，也拓宽了畲族传统文化的宣传渠道，极具地方民俗特色。同时创作者还将信封作为附赠品赠送给消费者，消费者可以将在景区中所经历的所见所感写在信封中邮寄给亲朋好友，如此不仅实现了产品与消费者之间的情感互通，同时，又使更多的人了解到畲族传统文化，无形之中吸引更多的人愿意主动去了解畲族传统文化。

2.3.2　土特产品类旅游文创产品的功能

（1）以产品的研发开拓其蕴含文化的市场。地域文化不仅是游客别样的亲身体验，同时，也是旅游纪念品设计的主要依据，还是旅游纪念品所要表达的符号。将地域文化与旅游纪念品设计充分融合在一起，使旅游纪念品可以成为媒介，通过旅游纪念品来展示当地的地域文化，同时，地域文化与旅游纪念品的融合还可以提升旅游纪念品的品质和内涵，从而吸引游客，促进旅游业的发展。

如图 2-3-7 所示，潮剧是潮汕文化的重要传承与载体，具有鲜明的地域文化特色，是潮汕民众的重要情谊纽带。位于潮州城外的湘子桥，因其为“中国四大古桥”之一而闻名遐迩。设计师大胆地将潮剧、湘子桥等富有地域文化特色的元素融入“潮人堂”品牌及旗下的潮汕系列美食和地方特产的包装设计中，不仅使“潮人堂”远离了散称零卖的传统售卖方式，还使其包装上所携带的潮汕文化随着游客的脚步走向了大江南北，有效地促进了潮汕文化的传播和经济的发展，拓展了潮汕文化市场。

如图 2-3-8 所示的客家米酒包装设计，创作者的灵感来源于客家当地的风土民情及山水人文风貌，将当地民风淳朴的日常生活和靓丽风景以插画的形式展现在消费者眼前，丰富了包装视觉效果的同时也展现了当地民风淳朴的特色，给人以返璞归真、原生态之感，满足了消费者对于田园闲居的美好向往，也极大程度地推广了当地的地域文化特征，对刺激当地旅游、经济发展具有推动作用，以文创产品的途径开发当地的文化资源，实现了文化传播与经济效应的互利共赢。

（2）利用产品为媒介宣传其蕴含的文化资源，即通过系统化与关联性的土特产品类旅游文创产品呈现带入到对其文化的体验上。地域文化是一个区域的文化浓缩和代表。因此，基于地域文化的土特产品类旅游文创产品对地域文化进行深度挖掘，取其精华，去其糟粕，将经过实践沉淀的文化充分体现在土特产品类旅游文创产品设计中，使产品具有设计感和质感，通过设计让地域文化散发出新光芒，从而将带有地域文化特色的土特产品类旅游文创产品变成新潮流中的文化符号，成为在新时代背景下的新的文化传承途径。

如图 2-3-9 所示的腊肉包装设计中，将红绿相间的油菜花田简约化处理，并将油菜花以手绘的方式呈现在腊肉包装上，包装材质选用麻质布袋，以环保绿色的设计理念呼应了消费者返璞归真、向往自然的消费心理；油菜花作为江西婺源夏天一道亮丽的风景线，吸引了无数的游客前来观赏这场视觉盛宴，将其运用到包装设计中，做到了景与物的有机融合，带动产品销量的同时，也拓展了婺源油菜花景区的宣传渠道，实现了两者互利共赢、相辅相成。

如图 2-3-10 所示的鄱阳湖绿色茶叶包装设计，鄱阳湖有大量的国家一级保护鸟类，是亚洲最大的候鸟越冬地，每年冬季都是一场候鸟迁徙的视觉盛宴。创作者将鄱阳湖地域文化中的鸟类文化元素作为装饰元素，极具鄱阳湖特色；将鸟类与山水以水墨画的方式进行展现，传统的水墨画赋予了鄱阳湖地域景色原生韵味之感，呼应了包装内部茶叶的本质内涵与传统特色；打开包装，扑鼻的茶香和鄱阳湖水墨画的加持，仿佛将消费者带到绿色生态的鄱阳湖湿地，使其有拥抱自然之感，增强了消费者与产品之间的精神互动，品茶的同时也在品味鄱阳湖的文化，对于地域文化的传承与发扬有一箭双雕之妙。

图 2-3-9 腊肉包装设计（图片来源：路雨华绘制）

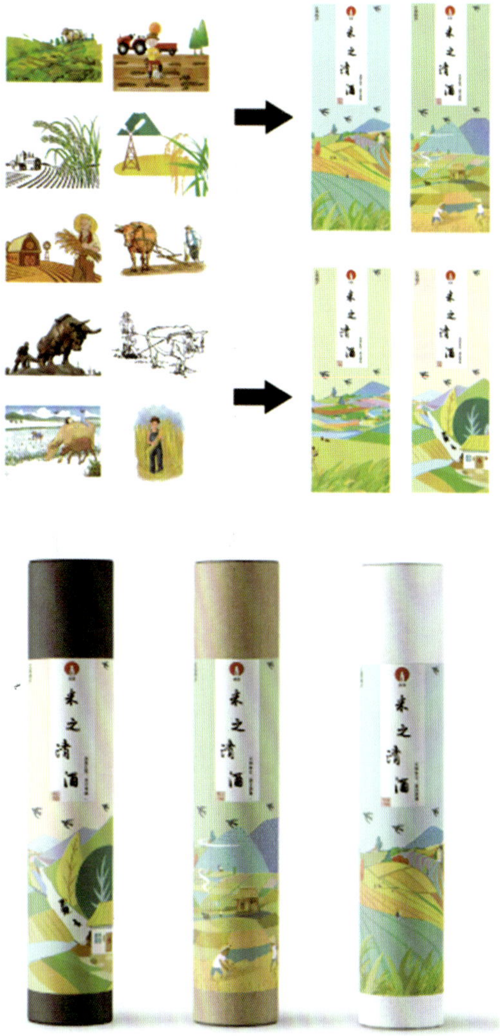

图 2-3-8 客家米酒包装设计（图片来源：李洪祥绘制）

图 2-3-10 鄱阳湖天然绿茶包装（图片来源：周靖康绘制）

如图 2-3-11 所示的剪纸文化元素哈尔滨红肠包装设计，创作者将哈尔滨的二人转艺术以建筑的形式进行展现，通过对其表演形态的捕捉并加以艺术化处理，展现了哈尔滨二人转艺术独特的民俗文化美感；作者以多层次的手法将平面画的艺术表现形式以二维的感官效果进行展示，增加了包装的纵深感与层次性；给人以向包装内部窥探之感，无形之中增强了消费者与产品之间的有效互动，不仅拓宽了旅游地文化市场的开发渠道，同时也便利了消费者更加直观地去了解当地的传统文化，实现了“艺术审美”与“文化呈现”的完美融合。消费者购买此产品后，可以将其外立面进行拆解，作为房间中的小摆件，具有一定的装饰性，每当消费者看到此摆件，便可以联想到在旅游地时游玩的美好体验，同时，也实现了“二次”文化输出和思维记忆巩固。

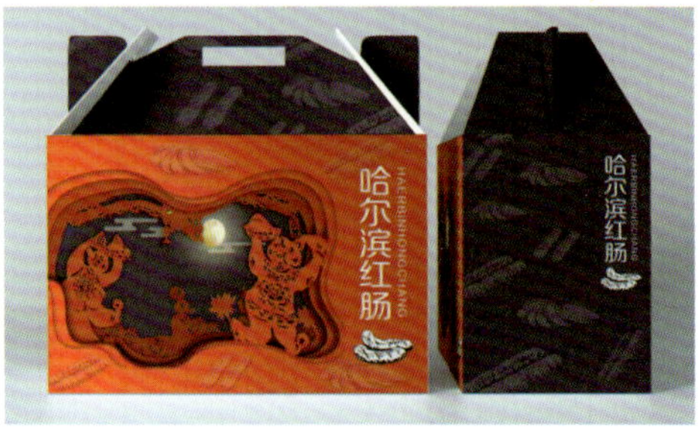

图 2-3-11　剪纸文化元素哈尔滨红肠包装设计
（图片来源：周靖康绘制）

如图 2-3-12 所示的和合酒系列包装设计，创作者通过对傩庙形象的提取及和合二仙形象的塑造设计了和合酒系列包装。傩文化作为中国传统文化的古老图腾，具有极强的文化生命力与祈福纳吉的美好寓意，作者将其神庙和傩神的造型与酒品包装设计相结合，体现了中国人对于美好生活的向往。消费者在购买此款产品后，可以将其作为伴手礼赠送给亲朋好友，其承载着送礼者的美好祝愿与深深情意，同时，此款包装也拓宽了传统傩文化的宣传渠道，受众在购买此款产品时便也会不自觉地去了解传统傩文化，从而拓宽传统傩文化市场。

图 2-3-12　和合酒系列包装设计
（图片来源：王明哲绘制）

本章小结

本章对文创产品进行分类，通过对文创产品的功能及特征进行分别探讨与阐述，并以大量案例进行佐证，为同学们阐明了在文创产品设计过程中应注意的问题以及文化元素在不同种类文创产品中的表现形式，因此在本章学习结束后，同学们应该掌握文创产品设计的以下原则：文创产品的设计过程中，首先一定要将其功能性特征作为主要因素进行考虑，即“为生活而设计，为生活而服务”，只有能够满足消费者使用功能要求的文创产品才能够深受消费者青睐；其次才是文创产品造型的美观以及视觉的和谐，二者之间相辅相成，缺一不可，而视觉效果并非繁复为佳，而是尽量选取能够与用户产生共情的设计元素，以此来实现视觉感与情感的“一语双关”，从而褪去笼罩在文创产品上的装饰，还原产品本身的生活之美；最后是文创产品与设计元素之间的匹配关系，要通过对文化元素的充分理解与挖掘，将其渗透在产品的每个细胞中，以此实现文创产品与文化语义之间的“形意结合”，从而给消费者带来良好的购物体验与交互体验。人们通过对以上文创产品设计的核心要点进行充分理解，在设计过程中，便能够更好地将文化与产品结合，从而实现以产品带动文化的发展、以文化拉动产品的销量，二者之间“互利共赢”。

本章作业

1. 通过本章学习，请同学们思考在文创产品分类中是否还有其他类别值得探讨与深入研究？
2. 对本章节中的文创产品的特征以及功能是否还有更多的理解？
3. 通过对本章节学习，结合实践案例，分别设计三套文创产品，并写一篇不低于1500字的设计说明文。

第3章　旅游所在地地域文化元素分类

地域文化元素一般是以特定的地域和民族为基础，以地域文化的历史进程为主线，以当地景物为载体，以实际的现实为表象，是在人类社会的历史长河中发挥出重要作用的人文精神和时代活动的总称。地域文化元素反映着这一地区的社会、经济、政治、山水、民俗等文化状态，包含整个民族的艺术、哲学、风俗及整个价值体系的开端。所谓的地域性设计实际上是根据地域性特征和人文情感的设计，主要包括基于地域环境的设计和基于文化资源的传承性设计两个方面，是一种生态型和人文型的设计。

不同的地域文化元素必然会有不同的文化空间和地域特征，其中所呈现出的文化环境也必然会大不相同。例如，在我国长江流域的文化和黄河流域的文化虽然不同，但它们都同属于华夏文明；荆楚文化与赣皖文化同样也不同，但它们都同属长江流域文化；而荆楚文化又可以细分为屈原文化和三国文化等。地域性设计的基本方法是提取传统文化中的符号模式及功能模式，并将其运用在现代设计中，以满足本地地域文化的审美心理认同，造成相异地区人们文化审美心理的差异感。进行文创产品设计时，应概括出地域文化的共性和个性，突出地域文化的个性和特殊性，反映出特定地域的自然风貌、人文景观及风俗民情。根据旅游所在地地域元素的分类，可将其大致分为四个类别，即山水风貌类文化元素、人文景观类文化元素、地方民俗类文化元素和历史遗迹类文化元素。

3.1 山水风貌类文化元素

山水风貌类地域文化元素是我国传统而独特的地域文化元素之一，在我国旅游文创产品中占据着重要地位，是必不可少的设计应用元素。在旅游文创产品设计中，使用我国的山水风貌文化元素，可以创作出具有当地风貌和地域特征的旅游文创产品。

我国的山水文化博大精深，在山水风貌类文化元素中，主要包含山、水、树木、怪石、奇观等文化元素，设计师进行设计时将这些文化元素提取再设计，采用图形、隐喻、形神兼具等方式与文创产品有机融合，从而营造出具有山水意境的旅游文创产品，这既是对山水风貌文化元素的传承和弘扬，也是对旅游文创产品设计的创新发展。

3.1.1　山水风貌类文化元素的内涵

山水风貌类文化元素从字面上理解指的是山川、湖海、风景、地貌。在古代，山水指的是自然景观，具有自然的总体特性，而崇尚自然的我国古人们认为山水代表着天地万物的根本品性，是世界万物的根源，山水表现了我国古代天、地、人三者同一的思想和精神。

山水风貌类元素和文化是紧密联系的，孔子将山水比作品德，庄子将山水比作亲和，这些都为我国的山水文化赋予了丰富的思想和内涵，让古代的文人墨客无一不拜倒在怪石嶙峋和波澜壮阔的山水之下，无数的诗词画卷让山水的雄伟与壮阔通过文字和图像的方式流传百世，为后人所膜拜。从山水中衍生而来的山水画则是用绘画的方式体现出山水的内涵，从而逐步形成了独具中国风貌的山水文化和山水精神。唐朝文学巨匠柳宗元在《邕州柳中丞作马退山茅亭记》中写道：“夫美不自美，因人而彰。兰亭也，不遭右军，则清湍修竹，芜没于空山矣。”其体现出了中国传统山水文化的真理和意蕴。

如图 3-1-1 所示的山水画是著名的山水画家赵群所画，他的画作给人超凡脱俗、雄伟大气之感。赵群临古、仿古不泥古，他的画继承了先祖画家的风骨和优势，将自己对事物和山水的理解都融入了所作画面中，赋予其鲜活的画魂，这也是他将这些优秀的创作展示给大家的意义。

崇尚和敬仰自然是山水风貌类文化元素的第一要义。山水风貌类文化元素全部来源于山川、湖泊，来源于神秘的自然，它充分表现了崇尚自然的内涵和意蕴。古人在认识和接触自然的过程中，从一开始的畏惧自然，到敬畏自然，最后与自然亲近交融、和谐共生，这是经历了数代人摸索寻求的规律。历代伟大的思想家们都将自己的情感和个性融入山水文化中，使山水文化不仅停留在个人的思想中，还真真切切地融入了时代文化的表层。波澜壮阔、胸怀天下的山水诗、山水画将这些壮观而原始的山水美景融入文化中，再呈现在后世人们的眼前，让人们无不惊叹与自豪。

如图 3-1-2 所示的千里江山图，这是一幅由北宋画家王希孟所创作的绢本设色画，这幅作品以长卷的形式，向我们展现了祖国的大好河山。它立足于传统，图中的画面细致入微。那些碧波荡漾的江河湖海、郁郁葱葱的广袤群山构成了这一让我们沉醉于其中的江南山水图，图中的一草一木，亭台水榭、渔村野市、流水人家等静态场景穿插着孩童捕鱼、渔夫驶船、乡亲游玩、赶集等动态场景，动静结合让人仿佛置身其中。在这幅作品的人物刻画上，用笔极其细致，使人的神态和动作都跃然纸上；群鸟用笔轻轻一触，展翅高飞翱翔于天际。它表现出来的人与自然和谐共生，完美地将“天人合一”的状态，“道法自然”的关系，赏心悦目的自然和超脱

图 3-1-1　山水画图片（来源：著名山水画家赵群）

图 3-1-2　《千里江山图》（图片来源：北宋王希孟创作）

意境的思想都包含其中。《千里江山图》画卷构图周密，色彩绚丽，用笔精细，成功地采用了散点透视法，将主题分成六段，各段均以绵延的山体为主要的表现对象，自然而连贯。有的以长桥相连接，有的以山体相连接，有的又以流水相连接，使得每一段的山和水既保持一种相对独立的状态，又互相联系，绝妙地融合在一起，深深地体现了移步换景的艺术形态。同时，又能将不同观点所体现的意境相接，巧妙地重组了空间和形态。运用多种构图方式的转变，使得整个画面跌宕起伏，波澜壮阔，富有强烈的韵律感和造型美，让人惊叹。其所表现出来的山河壮观，前无古人。

如图 3-1-3 所示的千里江山镇尺，创作者的设计灵感承袭北宋天才少年王希孟的传世名作《千里江山图》，在单一的蓝绿色调中寻求变化，使青、绿两种颜色层层罩染，在对比中更见鲜亮夺目。将自然山水描绘得如锦似绣，富有理想。镇纸是中国古代的一种传统工艺品。它是指人们在写字或作画时用来压住纸张或其他东西的一样物件。常见的镇纸大多为长方的条形，所以，镇纸也可以称为镇尺或压尺。镇纸的起源最初是因为古代的文人骚客们时常将小型的青铜器、玉器放在案几上品鉴把玩，又因它们都是实体，大多都具有一定的重量，所以人们在玩赏的时候，也就顺手将它们用来压纸或压书等，自然而然，到了之后这便发展成为一种文房用具——镇纸。千里江山镇尺产品造型简约，层次分明，线条流畅。整体雄浑壮阔，意境弘古，稳重感强，可以作为案头的点缀，让空间更富有活力，生机盎然。其重约 200 g，也可以用作香插和摆件等。当香燃起时，烟气渐渐弥漫，如江水流淌于山峦起伏的群山之间，动静结合，生活纷繁，岁月本长；当浮躁的心久久不能平静时，点燃香材，香味悠长，让人的心也安定下来。

人们对山水的情感不光来源于对优美的自然景观的赞叹，更重要的原因是山水中凝结了我国自古以来的文化精神和民族底蕴，山水之中蕴含了丰富的人文内涵和精神面貌。在我国古代的城市建设方面，古代的建筑师和规划师特别重视山水，以至于山水园林成了古代城市建设的潮流，并波及了亚洲、欧洲其他国家。无论是山水诗词、山水画还是园林建筑，虽然它们对山水的表现方式各不相同，但它们所表达的思想情感是相同的，即都表达了对大自然的敬畏与热爱。

在我国有着许多闻名遐迩的山水奇景，有着“拜水都江堰”的都江堰、中华民族“万年智慧”的历史文化名片桂林、“水景之王”九寨沟等。这些景点的地域文化元素都以山水为主，其旅游文创产品大多也都与当地的山水元素相关，而在人们身边也有着许多优秀的山水文化等着挖掘和探索。

如图 3-1-4 所示的鄱阳湖候鸟基地拼图，创作者通过鄱阳湖的山水美景、候鸟栖息地及周边美景，将鄱阳湖的风景及候鸟以插画的方式表现出来用于拼图中。拼图是一种益智类玩具，它可以激发孩子的推理能力并增强手、眼的协调能力；许多设计师将拼图定义为玩具，而忽略了其地方特色价值，仅是将美景的实物图片随意堆砌到拼图中，而没有对其进一步的设计，导致市面上的拼图不是过于简单就是过于无趣。鄱阳湖系列拼图将鄱阳湖独特的山水元素通过插画的方式与拼图相结合，在保留了拼图功能的同时又带给消费者眼前一亮的视觉体验，同时，宣传了鄱阳湖的山水地域文化特色，让大家对鄱阳湖有了进一步的深入了解。

图 3-1-3　千里江山镇尺（图片来源：网络）

图 3-1-4　鄱阳湖候鸟基地拼图
（图片来源：陈文芳绘制）

如图3-1-5所示的九寨沟四季冰箱贴，童话般的世界九寨沟一直以来就以秀美独特的自然风光和丰富的动植物资源闻名于世。它一年四季都有着独特的景色，犹如一幅遗世独立的画作，在四个季节各显魅力。春天有万物复苏的灵动，夏天有悸动的花季，秋天是色彩天堂，冬天是童话世界，每一季节的波光山色，都映出一派梦幻般的场景，犹如仙境。九寨沟的水，也是九寨沟的灵魂所在，四季九寨沟冰箱贴的创作以九寨沟的山水风景为灵感，选取经典的九寨沟景色，并对其具有代表性的景点进行提取和演变，再呈现在产品中。产品将九寨沟四季的景象缩小，以微观的方式展现九寨沟独特的魅力，结合现代工艺技法，用创新的设计元素打造集地域民族时尚为一体的创意旅游产品，以产品为载体，让消费者无时无刻不有在九寨沟的仙境中之感。

东晋时期的著名文学家左思在《招隐诗》中曾经说道："非必丝与竹，山水有清音。"这里他就已经在意指"山水文化"在美学方面和情感方面所具有的价值，强调了"山水"和"清音"所带给人的美的感受，因此，在我国传统文化中对山水的感受即是对自然的美的体会。我国在山水艺术文化不断发展过程中形成了极具民族特色和时代特色的审美方式，即重视情与景之间的相互交融，要求做到情中有景、景中有情；而对于旅游文创产品设计来说，从最开始注重产品的功能和使用方式，到现在注重产品的外观和用户使用的情感与体验已经成了设计中的重要部分。在市场的竞争压力和经济状况下，产品与产品之间的区别越来越小，主要的功能在相同的产品中基本上都能够实现，而怎样能够让消费者获得更好的情感体验和消费体验，让随身携带的"风景"与使用者产生共鸣则是旅游文创产品取得成功至关重要的因素。

如图3-1-6所示的新余山形水壶，创作者以新余的洪阳洞和仙女湖作为山形水壶的设计来源。水壶作为日常生活中的常用物品，人们常常忽视其审美要素，只追求其功能性。图中的水壶将洪阳洞的山势地貌提取并融入造型中，在符合人体工程学的情况下将壶把手赋予流线型，使人握住壶把手时更加舒适美观，同时，也将山脉的特征表现得淋漓尽致，与一般的水壶造型大不相同；在设计性十足的同时还兼有实用性和装饰性，将现代的人文思想观念及生活情趣融入山水风光中，极大地满足了消费者的审美需求，提高了消费者的使用感受；壶身使用新余仙女湖的湖岛元素中的水纹和颜色，并将其进行提取，在烧水时水纹会随着水温的升高而产生颜色的变化，让人能从外观上了解到水温情况，更加安全美观。

图3-1-5　九寨沟四季冰箱贴（图片来源：网络）

图3-1-6　新余山形水壶产品
（图片来源：黄诗琪绘制）

如图 3-1-7 所示，太原山水间文具置物架将山元素与置物架完美结合，给人以自然生态之感，同时，用木材制作文创产品，丰富了产品的质感和肌理，巧妙地借用木材原本的肌理和颜色创造出不同温度与情怀的产品。太原山水间文具置物架，利用屋头来代替群山、假石，赋予了文创产品自然的温度感。

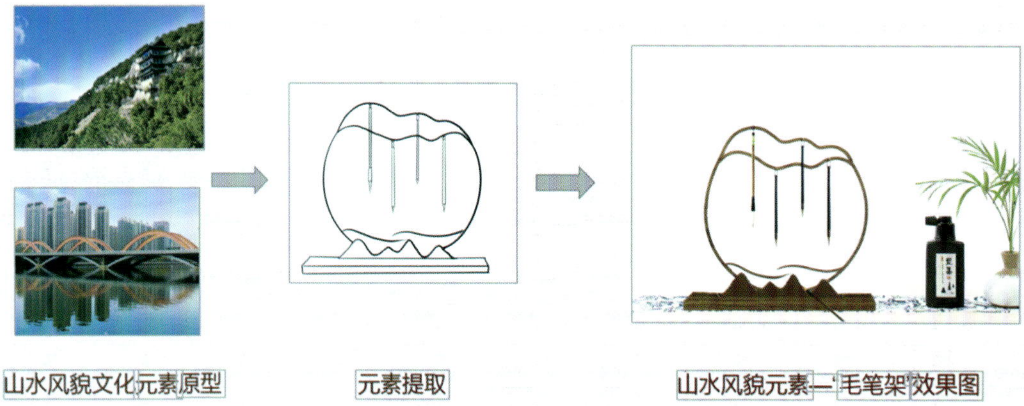

图 3-1-7　太原山水间文具置物架（图片来源：张红绘制）

3.1.2　山水风貌类文化元素提取案例赏析

新余洪阳洞山石风貌

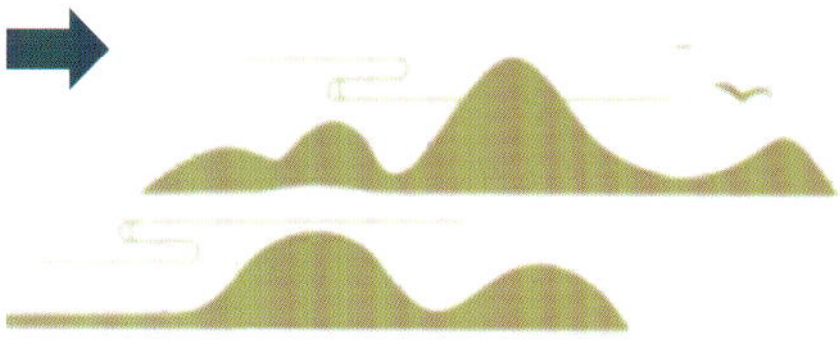

提取山石风貌融入产品造型中

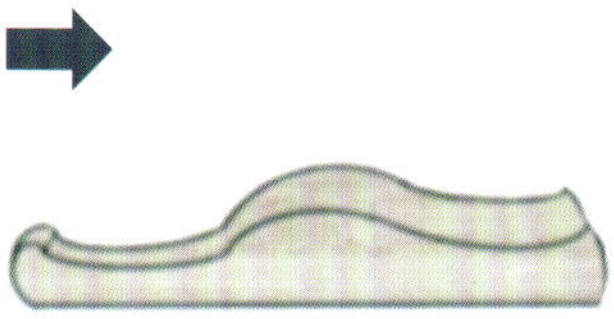

洪阳洞元素山形水壶把手

新余仙女湖湖岛色彩

新余仙女湖湖岛元素

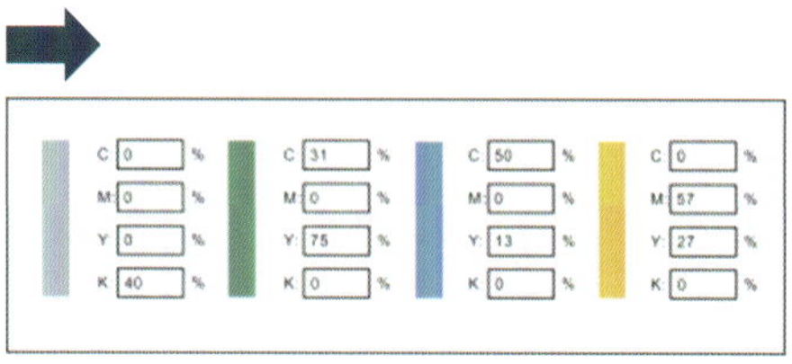

提取湖岛色彩融入文创产品

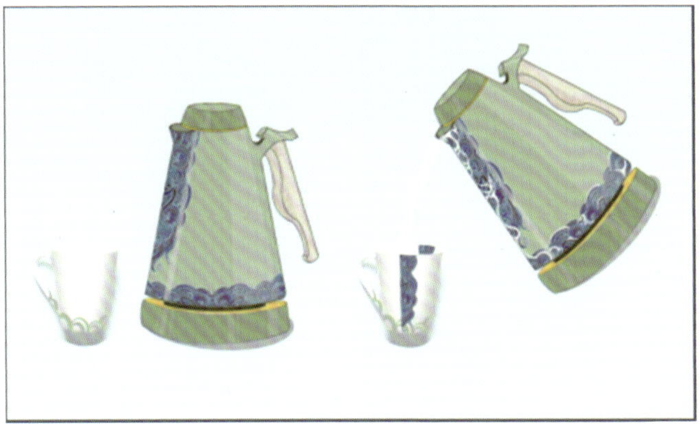

新余山形水壶产品（图片来源：黄诗琪绘制）

南昌梅岭

提取山水风貌融入插画中

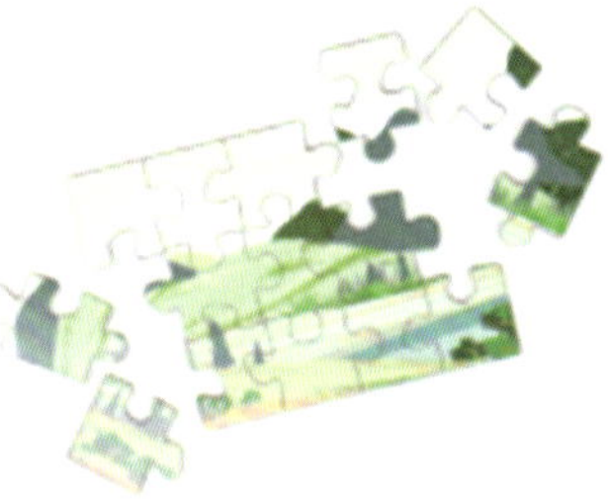

梅岭文创拼图
（图片来源：陈文芳绘制）

南昌洗药湖

南昌洗药湖山水元素

洗药湖文创胸章
（图片来源：陈文芳绘制）

合肥山水提取图

合肥麻饼包装（图片来源：邱语绘制）

3.2 人文景观类文化元素

对于人文景观类文化元素的定义，在艺术界和学术界中有许多不同的说法。从现代景观建筑设计的类型和表现来看，人文景观类文化元素也被称为文化景观元素。这种景观建筑往往可以作为一种旅游价值的表现形式，反映出古代人们创造性的思想动向及审美趋势，让游览者置身于这些景观建筑之中，从而获取相应的思想认知及精神上的升华。

从宏观上来说，人文景观文化元素包括的范围十分广泛，种类也十分多样。归纳来说，主要包括古典建筑园林、宗教地域文化、民俗民风文化、历史遗址文化、文学艺术等范例。这其中就包含了以实物为载体的物化表现形式和以民俗文化为主题的精神表现形式。

3.2.1 人文景观类文化元素的内涵

人文景观类文化元素是指古今中外一切具有浓厚的民族特色和长效性、继承性、观赏性价值的人类意识的产物，是人类历史长河中文化的结晶和瑰宝，是从古至今人们所创造的物质价值和精神价值的综合体现。人文景观类文化元素具有以下两种内涵：

（1）人性内涵。人文景观作为一种人们有意识的创造物，包含了浓郁的人性因素，任何人文景观，其出发点都是人、情感、意志、才能等本质力量对象化于其中，这也就更加丰富了人文景观的人性内涵。

如图 3-2-1 所示的新余抱石公园建筑元素环保杯套，创作者以新余的抱石公园作为创作来源。抱石公园是为了纪念新余的国画大师傅抱石所建造的公园，公园的内部建筑设计与布局都力求表现傅先生“阳春白雪”的艺术表现风格，杯套提取了抱石公园的建筑元素及色彩搭配。在生活中，杯套的作用甚少，只有在奶茶店或咖啡店才能见到，正因为如此，大家就会忽略它的价值；一个品牌宣传自己的产品要建立自己品牌的特色，而一个旅游胜地要宣传自己的景点当然也要大力宣传本地区的特色。新余抱石公园建筑元素环保杯套不仅具有审美价值还具有使用价值，如图 3-2-2 所示，将杯套上的元素拆卸下来可以变成书签，使产品不仅宣传了抱石公园的地域文化价值还具有使用价值，同时，还增强了产品的互动性和趣味性。

图 3-2-1　新余抱石公园建筑元素环保杯套
（图片来源：黄诗琪绘制）

如图 3-2-3 所示的梦回江南翻转方块日历，创作者将江南乌镇的状态提取运用在日历中。江南在人们的心中仿佛一处圣地，乌镇是一处典型的江南水乡古镇，素有“鱼米之乡，丝绸之府”的称号，虽然历经了几千年的变革，仍然完整地保留着原有的古镇风貌和格局。日历将乌镇的景观提取运用在背景中，仿佛在清晨晨雾还没散去的时候，水上市场就熙熙攘攘热闹起来，八方来船已挤满了河道，两边的水阁里，茶馆、肉铺、小吃店、豆腐摊也早早地卸下了门板开张了，水乡的一天拉开了序幕。船上娇弱美丽的女子打着油纸伞即将通过桥洞，四处眺望，仿佛在寻找梦中曾经出现过的那个人，表现出江南女子独特的韵味，建筑也都是经典的徽派建筑，三个立方体翻转即可调节日期，底部的乌篷船也能拆卸，通过插入小孔来标注星期。使得产品不仅具有实用价值也十分有趣，还能提高人们的动手能力，同时让人对江南水乡有一种神往。

图 3-2-2　新余抱石公园建筑元素书签
（图片来源：黄诗琪绘制）

如图 3-2-4 所示的祈谷编织毛线包，设计师以祈谷殿为灵感来源，将祈谷店外观形态提取运用在编织包中，祈年殿是天坛的主体建筑，又称祈谷殿，是明清两代皇帝孟春祈谷之所。祈年殿的造型十分特别，鎏金、宝顶、蓝瓦三重檐攒尖顶，层层收进。殿为圆形，象征天圆；瓦为蓝色，象征蓝天。包包在生活中是我们必不可少的一样东西，它能帮人们装许多随身物品和小物件，祈谷编织毛线包复刻了祈年殿的造型，包身的圆形建筑

图 3-2-3　梦回江南翻转方块日历（图片来源：网络）

物造型恢宏大气。复古的配色也使得这款产品更加沉稳，丰富的细节元素也让产品更加精致，用一针一线，展现国风之美，让人爱不释手。产品的开口处使用抽绳的设计让人们在拿取东西的时候更加便捷。包底层采用皮质，同时还增加铆钉元素，使产品更加时尚复古，挺括有型，减少编织量，容量也足够人们日常所需。当人们背着它去祈年殿时或许会别有一番风味。

如图 3-2-5 所示的岁朝童趣红包，设计者选择了多幅故宫收藏的岁朝图进行设计，与可爱的孩童玩耍的图案结合而成，具有浓烈的传统气息。岁朝，是指一岁之时，此时一元复始，万象更新，历代画家都喜欢在这天开笔绘制岁朝图，以示祈福迎祥之意。岁朝图的内容多为各类富有吉庆寓意的景物图画，并常有吉联颂词附上。第一个红包的岁朝图纹样是《缂丝岁朝图》轴，其中冰裂纹花瓶意为岁岁平安，摆放在桌上的水仙、百合、苹果、柿子也都是岁朝图中常用的吉祥图案，小孩的嬉戏也为图中添加了丝丝童趣，使画面更加轻松有趣。第二个红包的岁朝图纹样是《御笔岁朝图于敏中书联句》轴，画面中的青铜器花纹及其中的木根如意与吉祥草茎，均为康熙皇帝当年陈设于乾清宫西暖阁几上之物。新春之际，皇帝以红釉瓷盘装盛石榴、木瓜等西域贡果，又于旁边置一柏枝，构成天然的岁朝佳兆，以表达他对长治久安、吉祥如意的祈望。第三个红包的岁朝图纹样是《岁朝图并新正重华宫诗》轴，图中插于瓶中的南天竹、梅花、松枝，意为岁寒三友，水仙与寿石意为仙石贺寿，百合为百，柿与事谐音，百合与柿子相配即为百事如意。红包选用优质的特种纸材质制作，手感细腻，品质更显，红包正面也都有烫金文字体现红包主题，展现喜庆氛围。采用四色的印刷工艺，既展现出图案的活泼风格，也使色彩明亮而不失雅致。红包封口处也都设计成如意的形状，采用简洁的插口设计，便于使用的同时也更加环保，岁朝图的图案以传统的花窗形状为印金边框，洒金效果颇具古意，使人们在收到红包的同时也收获一份美好的祝福。

（2）地域历史文化内涵。人文景观文化元素作为人类历史文化的结晶，积淀着深厚的地域历史文化内涵，从原古社会的文化遗址到进入文明社会之后的各种建筑景观，各朝各代所遗留下来的艺术景观数不胜数，各民族地区所创造的民俗文化景观不胜枚举，这都是人类文化的优秀成果。

图 3-2-4　祈谷编织毛线包（图片来源：网络）

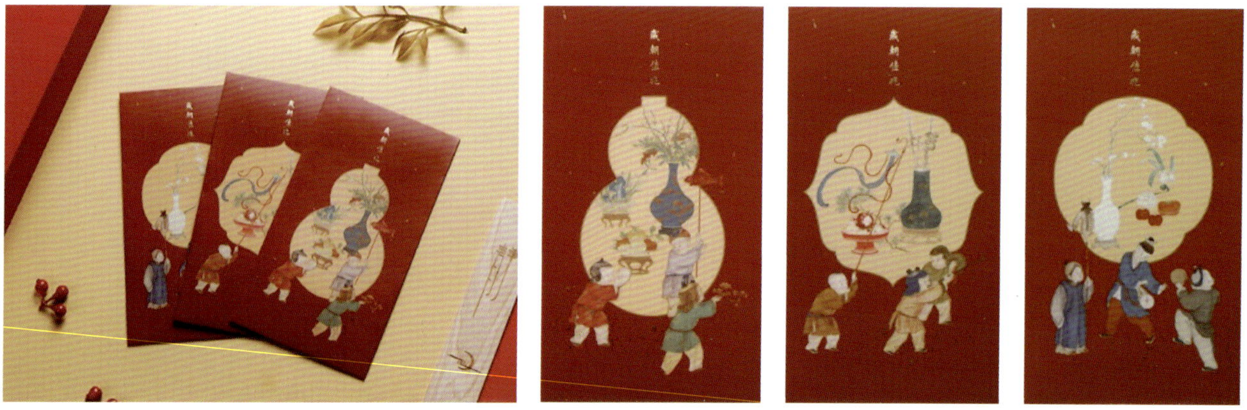

图 3-2-5　岁朝童趣红包（图片来源：网络）

如图 3-2-6 所示的太原晋祠元素书立，创作者以太原晋祠为创作来源。晋祠是我国现存最早的皇家祭祀园林，晋国宗祠是我国古代建筑艺术的集约载体，是三晋历史文脉的综合载体，历史文化深厚。创作者将晋祠作为提取元素，以消费者在日常生活中所用到的书立为载体设计。书立作为书的承载者使命重大，不仅具有使用价值，也应具有审美价值。通过书立将太原的建筑文化元素进行巧妙的融合，展现了太原地域文化晋祠的本土韵味，加强了消费者对太原地域文化的进一步认知和喜爱。

图 3-2-6　太原晋祠元素书立（图片来源：张红绘制）

如图 3-2-7 所示的故宫糕点饰物收纳盒，设计者以中国传统食盒为造型，融入了宫廷纹饰元素，灵感来源于故宫御花园中的千秋亭与万春亭。万春亭和千秋亭分别位于御花园内浮碧亭、澄瑞亭以南，是一对造型、构造均相同的建筑，仅彩画有细微分别，上圆下方的屋顶取仿“天圆地方”的古明堂形制。亭内天花板绘双凤，藻井内置贴金雕盘龙，口衔宝珠，两亭色彩绚丽，造型精美，可称宫中亭子之最，寓意着千秋万寿，代表着皇家传承与华夏民族的绵延。收纳盒提梁为徽派屋檐状，盒为身，给人以家和团圆的美意，表达了中国人最为朴实的愿望——家和万事兴。产品以红黄色调为主色调，配以龙凤等宫廷吉祥纹饰，采用传统陶瓷技艺制作，胎体厚重，釉面光滑。盒盖饰藻井纹、回纹，取“龙凤呈祥”之意，上层盒盖以宫殿屋檐、莲花纹及吉祥纹样寓意吉庆祥和，上下两层合为一体，表现了中国人的和合精神，看着这个收纳盒，仿佛穿越回宫廷时代，感受古人的精致和生活。

图 3-2-7　故宫糕点饰物收纳盒（图片来源：网络）

说到新疆，人们可能想起的会是水果和烤串，而新疆的巴扎，人们可能还不太熟悉，“巴扎”，是维吾尔语，也就是农贸市场和人们赶集去的集市，在新疆巴扎遍布整个城市。新疆国际大巴扎（图 3-2-8），坐落在新疆维吾尔自治区首府——乌鲁木齐，于 2003 年 6 月 26 日建成，是世界上规模最大也最著名的巴扎，新疆国际大巴扎集特色建筑、娱乐、餐饮、伊斯兰文化于一体，是新疆旅游业产品的汇集地和展示中心。新疆国际大巴扎的建筑风格具有浓郁的伊斯兰风味，它不仅体现了建筑的功能性和时代感，也再现了古丝绸之路的繁华和辽阔，体现出一

图 3-2-8　新疆国际大巴扎（图片来源：网络）

种浓烈的民族特色和地域文化。新疆国际大巴扎占地面积约为 39888 平方米，建筑面积约为 10 万平方米。新疆国际大巴扎是新疆商业与旅游业繁荣的象征，也是乌鲁木齐作为少数民族城市的特色景观建筑，还是一座城市标志性建筑。它以传统的磨砖对缝与现代饰面工艺相结合的手法，不作舞台布景式的建筑堆砌，体现整个空间和光影的不断变化，其独特的艺术魅力和地域文化对中亚及中东地区的影响力是巨大的。

如图 3-2-9 所示的新疆国际大巴扎开瓶器，作者以新疆国际大巴扎为设计灵感，将大巴扎元素提取制成开瓶器。开瓶器对于爱喝酒的人来说是必不可少的一样东西。开瓶器运用黄色和蓝色的撞色，使颜色更加鲜明突出；底部落款新疆国际大巴扎配字，更有纪念价值；背面是磁铁的设计，如果不用还能做冰箱贴使用，美观便捷；表面光滑细腻，线条流畅清晰，还用金边锁边，使产品更加精致，拿在手里也十分有分量感，在灯光下熠熠生辉，送朋友也十分具有收藏价值。

图 3-2-9　新疆国际大巴扎开瓶器
（图片来源：网络）

3.2.2　人文景观类文化元素提取案例赏析

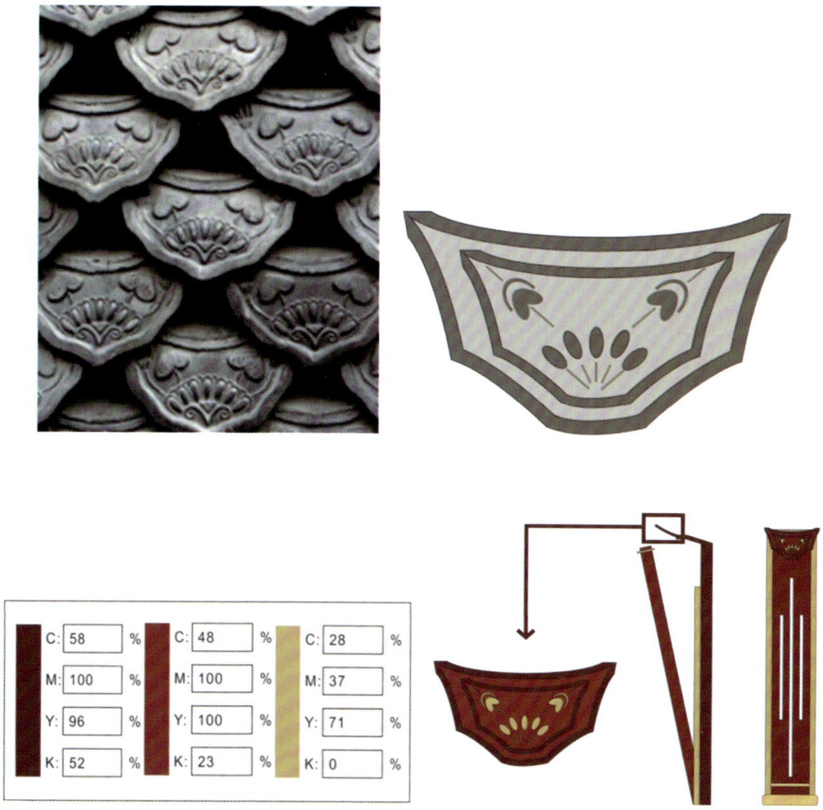

新余崇庆寺瓦当纹样和颜色提取融入文创产品

新余崇庆寺元素食品、崇庆寺元素食品夹及赠品贴画（图片来源：黄诗琪绘制）

晋祠建筑原型

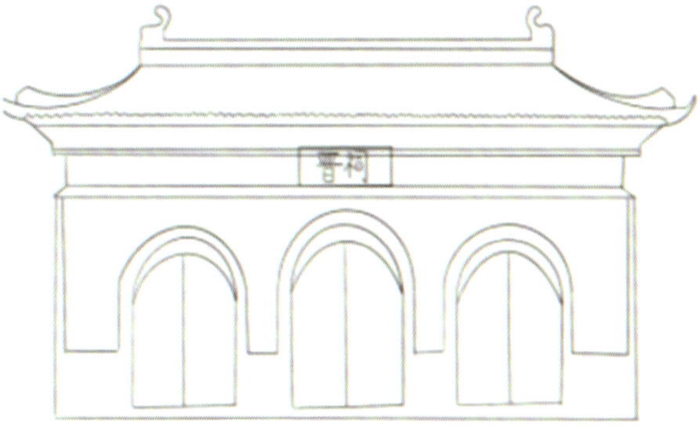

晋祠建筑元素提取

颜色提取设计元素

太原晋祠书立（图片来源：张红绘制）

清风阁元素提取

清风阁元素麻饼包装及书签（图片来源：邱语绘制）

3.3 地方民俗类文化元素

地方民俗类文化元素是地方民族的精神生活及物质生活的表现，属于民间世代相传的一种文化现象。民俗文化元素包含了服饰、饮食、居住、民间信仰、文艺及语言等，种类繁多。民俗文化属于某一民族经过时代更迭，通过实践和创造不断积累下来的文明成果；地方民俗文化不仅是社会的意识形态，也是历史的文化遗产和瑰宝，需要传承和延续。早在《汉书·王吉传》一书中曾经就有“百里不同风，千里不同俗”的说法。地方民俗文化作为一个民族的习惯与传统，经过几代人的传承和发展逐渐形成了国民深层的心理积淀。地方民俗文化元素能够承接古今内外，沟通历史和未来。

3.3.1 地方民俗类文化元素的内涵

地方民俗文化是随着人类社会的产生而产生，随着人类社会的发展而发展的。文化是人类社会所特有的生存方式和地方特色，人类社会总是以文化的方式存在和发展。自有了人类以来，人类因生存的本能一直处在为种族繁衍，为生存而求食的顽强拼搏中；从采集和狩猎的时代进入原始的农业时代后，因为生存能力和生存环境的影响，人们不得不依靠前者的经验和群体的帮助，不得不寄希望于风调雨顺、国泰民安。因此，在农业发展的社会中，在神魔化的思维特征和经济方式的奇妙结合下，便产生了原始的宗教信仰、崇祀和禁忌等民俗活动，崇祀天地山川、自然万物；当社会形态从原始的部落聚居进入长达两千年之久的封建社会后，在儒家思想作为主流文化的支配下，民俗文化与礼制相结合，便成了人类社会生活的行为规范；随着社会生活领域的不断扩大和发展，民俗文化的内容也随之变化和发展，它代表的不仅是当时文化的重要部分，也是后世文化的起源和承接点。

（1）地方民俗类文化是一种本源文化，本源即是事物的开端和起源。地方民俗文化中保留着丰富而古老的中国本源文化，从而成为“活化石”；并扮演了承接上下五千年华夏文明的重要文化角色而成为“活档案”。

如图 3-3-1 所示的新余“仙女下凡”传说卡通玩具盲盒设计，创作者以新余仙女下凡的民间传说为创作来源，提取七位仙女的形象，将她们以卡通画的形式表现出来置于盲盒中；所谓的盲盒，里面通常装的是卡通形象、动漫、影视作品的周边，或设计师单独设计出来的玩偶等，之所以叫盲盒是因为盒子上和包装中没有标注款式型号，只有自己亲手打开才能知道里面装的是什么。将七仙女的卡通形象置于盲盒中，大大丰富了七仙女民间传说所带给人的趣味性，同时，让人欲罢不能并产生猎奇的心理，因为人们永远也不知道自己获得的是哪一个，并且还想要将这七款精美的卡通形象全部集齐，使文创产品不仅具有趣味性，还让孩子们更容易接受当地的风俗和传说。

（2）地方民俗文化是生活的文化。人们在社会生活中进行的各种社会活动都统称为生活，地方民俗也是人们生活方式的一种，有其特定的区域和特性。节日、衣食住行、家族聚会、信仰禁忌、杂耍游乐、方言俚语等地方习俗都包含于地方民俗文化中。“十里不同风，百里不同俗”，各地的地方民俗文化都是其当地的自然条件和历史条件下的产物，在其诞生时，都会被认为是美好的生活方式从而被创造且流传开来，通过世世代代的传承又延续和发展。地方民俗文化其实质是展现地方各自生活习俗的美。美好的生活就是当下最符合理想的生活，是理想和现实完美统一，哪怕是最困难的生活条件和方式，也总要千方百计地使生活附带美的色彩，把最朴素简单的生活艺术化。地方民俗文化总是在不懈地追求美好的生活、先进的生活方式，地方民俗文化的发展也总是会越变越美、越变越多。

如图 3-3-2 所示的民间风俗饺子包，创作者以冬至吃饺子的民俗为设计灵感，提取饺子的形状设计成包包的样子。冬至是我国十分重要的节气，在冬至这一天我国的南

图 3-3-1　新余“仙女下凡”传说卡通玩具盲盒设计
（图片来源：黄诗琪设计）

北方会有不同的习俗，北方大部分地区会吃饺子，而南方会吃汤圆。斜挎包在女性日常生活中是必不可少的出街单品，时尚方便；人们追求奇特，希望自己的搭配是独一无二的，饺子包的造型独特，区别于传统的斜挎包，让人眼前一亮。材质使用的软皮模拟了饺子皮的感觉，其小巧耐用的同时也给消费者的日常生活增添了趣味性。

图 3-3-2　民间风俗元素饺子包（图片来源：张红绘制）

如图 3-3-3 所示的紫禁游龙收纳包，设计师结合端午吃粽子这一传统习俗，通过对粽子外形的提炼归纳，精心地将硅胶收纳包做成粽子的造型，形态可爱，触感舒适，在端午节吃粽子已经成为一个特定的节日习俗，无论南方和北方的老百姓，在这一天，人们都会通过吃粽子来祭奠屈原。随着时间的推移，人们依然延续着这种传统，这不仅是对历史文化的继承，也是对英雄的缅怀。产品外表是小巧可爱的粽子造型，里面还附有便捷购物袋，装饰以具有传统节日特色的龙舟图案。对原本是白描的图案赋予清新活泼的色彩，再配合繁花、山河、白鹤等祥瑞形象，将原画的细腻、明洁之感凸显，极尽描绘地呈现了端午的节庆氛围，集文化、创意、趣味于一身，使传统经典融入现代生活美学之中。粽子包的手感细腻柔滑，可捏可揉，形状百态，可以起到解压舒心的作用，同时零钱包也可用于收纳，美观小巧，采用硅胶材质，易清洗，配合拉链的设计，开关方便，避免小物件掉落，里面的便携购物袋触感细腻柔和，采用服装面料进行剪裁印染制作，整个图案都十分精美，出门逛街或买菜既美观又便捷。

图 3-3-3　紫禁游龙收纳包（图片来源：网络）

（3）地方民俗文化是一种规范且被大家所认同的文化。地方民俗都是在特定的群体和民族中形成的，它以一定的心理结构为依据，具有自然的规范作用和传承性的行为模式，从人们的衣食住行到心理活动，从行为举止到语言谈吐，人们都自觉或不自觉地遵从地方民俗的规定，虽然地方民俗不是成文法律但却具有强大的精神制约力；这种规范的教化功能民众都普遍认可，认为它可以避免纷争，保证全员在利益的分配上公平合理，它是在地方民俗的基础上形成的，人人都不能违反。

如图 3-3-4 所示的水族地方特色钥匙扣，创作者以水族端节为创作灵感，将水族人民在端节中舞蹈吹芦笙的场景设计出来用于钥匙扣中。端节是水族最为隆重的节日，水族人民将这个节日当作汉族的春节一样，是新年的开端；水族人民穿着特定的水族服饰、跳着水族的舞蹈、吹着水族特有的乐器芦笙庆祝年节。创作者将这些景象运用在钥匙扣中，同时，上面还附有祝福语“心想事成、健康长寿”来寓意美好。水族作为少数民族之一，同样也需要发扬其民俗文化与内涵，让大家了解其历史和文化，促进民族的共生与共赢。

图 3-3-4　水族民族特色钥匙扣（图片来源：陈文芳绘制）

（4）地方民俗文化是一种地方风俗文化。地方风俗通常是指在社会中因地域不同、生活方式不同、习惯不同所形成的个人习惯与风尚的总和。它反映的不仅是一个国家、民族和社会的生活方式，还是这个时代的特征，包含的领域广泛。地方风俗也指一个民

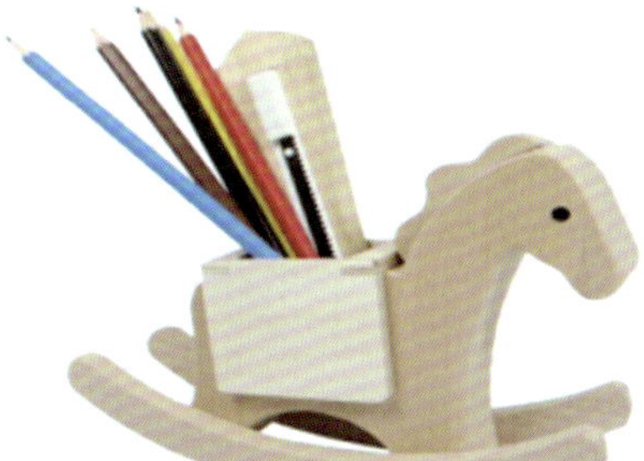

图 3-3-5　蒙古马笔筒（图片来源：薄涛绘制）

图 3-3-6　钟馗零钱包（图片来源：网络）

图 3-3-7　皮影生旦净丑头茬书签
（图片来源：张红绘制）

族长期形成的共同行为，体现为民间绝大多数人立身处世的方式。它会直接影响到一个时代的社会风尚、行为习惯和政治面貌，最终影响到历史的进程。地方民俗文化是本土人们一种自觉的信仰。

如图 3-3-5 所示的蒙古马笔筒，创作者通过蒙古的赛马节为创作灵感，提取了马元素融入笔筒当中。蒙古族对于马的重视体现在传统节日马奶节和赛马节的庆祝活动中，提取蒙古族最具特色的马元素造型，将马的造型元素提取后进行变化设计，将其运用到旅游纪念品笔筒中。笔筒作为人们书桌上时常出现的物件，造型通常都十分的乏味无趣、没有新意，而蒙古马笔筒在造型结构上使用简化的设计手法使其产生新的设计形式；外观上采用木质材料，既实用美观又新颖别致，同时，体现出蒙古族人们质朴无华的品质。独特的造型设计给笔筒增添了趣味性，也满足了消费者的视觉审美需求。

（5）地方民俗文化是传承且不断延续发展的文化。传统文化是世代相传、沿袭已久的成规，是中华民族世代传承下来的历史结晶和具有民族特色的文化遗产。

如图 3-3-6 所示的钟馗零钱包，创作者将钟馗形象提取运用到零钱包上，使钟馗的元素卡通化，生动可爱。钟馗是中国民间传说中驱鬼逐邪之神，傩舞跳钟馗，是流传于“唐·赐福镇宅圣君”钟馗故里陕西西安周边的一种古老民俗文化活动，又有很广泛的内涵。钟馗在民间是避邪扶正的化身，北宋以来钟馗就以神话人物广为流传。跳钟馗大多都在五月的端午节演出，意为消除五毒，人寿丰年。古人对钟馗驱恶的朴素愿望，寄托了迎祥纳福的祥瑞观念，这个零钱包将钟馗的形象融入，迎八方福气，聚财源滚滚，上面还带有链条，能挂于钥匙或包上，包背面用金线绣上“吉人天相”四个字，也表达出吉祥的含义，整个造型可爱，手感柔软，让人爱不释手。

如图 3-3-7 所示的生旦净丑皮影头茬书签，创作者将庙会中的皮影戏作为创作灵感，将皮影戏中的人物与书签结合，让地方民俗以另一种方式存在于人们的生活。在如今工业化和各种娱乐方式层出不穷的时代，很少有人再专门请皮影戏艺人进行演出了，只有在庙会活动才有机会见到皮影戏，而庙会是指围绕着庙宇所发生的群体性的信仰活动，庙会中的皮影戏演出也并非单独的艺术存在，而是联系了这一地区的文化、经济、信仰等。将皮影戏中独具特色的生旦净丑作为提取元素，结合书签进行再设计，让消费者感受到民间风俗多样化的视觉效果。

（6）地方民俗文化是历史的见证者和传播者，是一个国家、一个地域的居民传承延续和发展的文化。在现实生活中，它表现出的是一个地区和一个时间段内社会群众所特有的行为习惯。在这段时间里，它不断地沉淀和聚集，以合适的时间形成，根据形势不断地发展扩大，并在不经意间影响着人们日常的衣食住行和观念。是可以与历史接轨、表现现存社会和展望未来生活的独特的地方文化与习俗。

如图 3-3-8 所示的全丰花灯莲蓬椅，创作者以江西省修水县的民俗文化活动全丰花灯为设计灵感，提取其花灯的元素运用于椅子上。全丰花灯是江西省修水县全丰镇一项介于灯、戏、舞之间的艺术表演活动，主要特点是灯队表演，具有浓厚的艺术色彩和民俗氛围。椅子是日常生活中随处可见的日用品，将花灯中莲蓬和蜻蜓的元素融入椅子中，椅子为大理石材质，让人坐上去就能感受到夏天的凉爽和微风，靠背提取了蜻蜓的翅膀元素，在符合人体工程学的基础上更加舒适美观，让人耳目一新且富有趣味性，宣传了全丰花灯展现美的同时也给人带来生活的舒适。

图 3-3-8　全丰花灯莲蓬椅（图片来源：王丽茹绘制）

3.3.2　地方民俗类文化元素提取案例赏析

新余“仙女下凡”民间传说

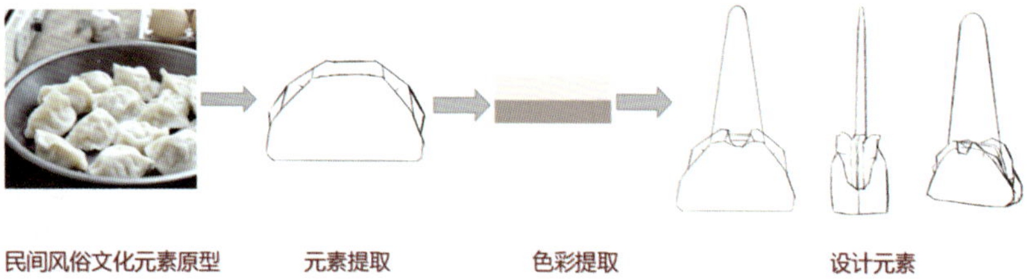

新余“仙女下凡”
卡通形象（图片来源：黄诗琪绘制）

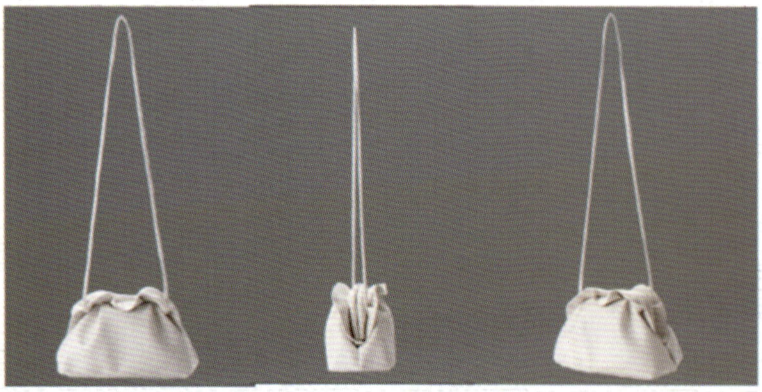

民间风俗元素饺子包（图片来源：张红绘制）

3.4 历史遗址类文化元素

历史遗址类文化元素指的是古代人类活动的遗迹，属于考古学概念，它包括人类因不同的用途和生活方式所建的房屋或生活场所，也包含人们对自然的加工利用所存留下来的足迹和遗址。历史遗址文化的特点表现为不完整甚至破碎残缺的物体或建筑，具有一定的区域和形成范围，很多远古遗址大多深埋于地下。历史遗址属于历史文物，是文化遗迹也是历史的见证者。用于命名整个史前文化的遗址，被称作命名遗址。历史遗址类文化元素将历史遗址提取出来运用到文创产品中，赋予历史遗址二次生命。

3.4.1 历史遗址类文化元素的内涵

很多历史遗址类文化元素都是自然灾难或战争破坏之后所残存下来的建筑，因而，保护和研究这方面的学者与专家都对此十分重视，国家也十分在意历史的发展和遗存，许多历史秘密因这些残缺而脆弱的物品和建筑而揭开神秘的面纱。在面对历史遗址时，设计者应怀着一颗尊敬和爱护的心，将其运用在文创产品中，不仅是对历史遗迹类文化元素的发扬，更是人们对历史的铭记。

如图 3-4-1 所示的圆明园文创产品瑞士军刀，创作者以圆明园遗址为创作灵感，采用线条绘制的表现手法，给圆明园一些色彩的修饰，将圆明园的建筑物巧妙地浓缩在瑞士军刀上。圆明园是清代的大型皇家园林，由圆明园及其附园长春园和绮春园组成，所以也称圆明三园。圆明园以其庞大的地域建筑规模、巧夺天工的设计技艺、美轮美奂的建筑园林群景、海量的文化艺术收藏和博大精深的民族文化知识内涵而闻名于世，被誉为“一切造园艺术的典范”。1860 年 10 月 6 日英法联军洗劫圆明园，抢掠、焚烧文物，同治帝时期欲将其修复，后因财政困难被迫停止，改建其他建筑。之后又遭到强盗的洗劫，最终变成了一片废墟。产品运用色块来表现建筑物，线条修饰点缀，将“圆明园”三个字进行简笔画的设计，与建筑物的残缺美相呼应，不仅体现了汉字的精妙之处，还将圆明园建筑的残缺之美展现了出来。

如图 3-4-2 所示的益智积木兽，创作者以故宫的藏品为设计来源，将其提炼设计成积木的形态，让孩子们对古代文物和历史有更深的了解。积木共有四款，分别是“龙腾四海”龙印款、“憨态可掬”狮印款、“吉庆有鱼”锦鲤款和“太平宝象”象印款。瑞兽是中国传统文化中非常吉祥的符号，或神秘，或威武，或灵动，或沉静。龙印款设计出自清代龙纽，龙是中华民族的标志性图腾，在民间有着“风调雨顺，国泰民安”的喻义；狮印款出自清代木雕师，狮是百兽之王，威武霸气，在民间常被放在门口左右镇宅之用；锦鲤款出自清代寿山石雕双鱼纽方印，鱼的文化内涵丰富，多有吉祥之意，如“年年有余”；象印款的设计出自清代掐丝珐琅太平有象，在中国传统文化中“象”字同“祥”字，有“富贵吉祥”

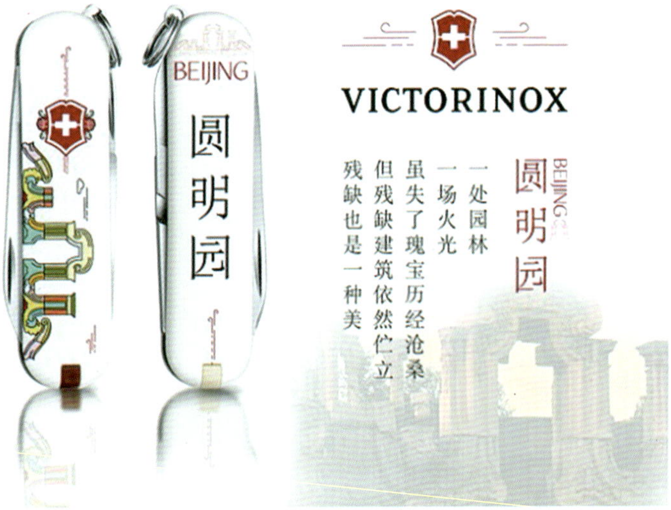

图 3-4-1　圆明园文创产品瑞士军刀（图片来源：网络）

图 3-4-2　益智积木兽（图片来源：网络）

“一片祥和”之意。这一次将四个古代瑞兽汇聚一堂，妙趣横生。将积木组装好就能得到一个收纳盒，放在书桌上收纳小物件也十分方便美观，同时，收纳盒底部有汉字，如果收集齐了四款积木兽就能得到“中正仁和”四个字。清朝自雍正皇帝之后，就将寝宫从乾清宫迁到了养心殿。养心殿中的“中正仁和”匾额正是由雍正亲笔所写，是说帝王要“中庸正直，仁爱和谐”，是帝王对自身行为准则的高要求，也是儒家思想的核心。产品配色活泼可爱，造型精巧，还能够锻炼孩子们的动手能力，是一款十分值得拥有的玩具。

如图 3-4-3 所示的宫猫记紫禁月满纸雕灯，创作者以故宫博物院藏清代金漆点翠玻璃屏风和故宫的猫为设计灵感，巧妙地将一轮满月与故宫景致做了画中画的处理，表达了节日团圆的美好祝福。清代金漆点翠玻璃屏风，围屏由 12 扇组成，下承八字形底座。屏风中心用以点翠的技法镶嵌了各种花卉。整个围屏的造型稳重优雅，装饰图案精美、色彩绚丽，堪称清乾隆时期家居艺术摆件的经典之作。而故宫的猫，它们时而霸气，时而软萌，故宫有 9371 间屋子，1807556 件文物，木质的古建筑群，极易受到老鼠的破坏，而在 181 只御猫的守卫下，鼠患降为零。故宫的猫们用自己的方式，保护着故宫里的一砖一瓦，它们行走在故宫中，与故宫里的景色融为一体，行人走过时也会对它们行注目礼。它们是故宫一道美丽的风景，也是故宫最忠实的守护者。整个产品的前景点缀屏风中的奇花异草，对画面中的牡丹花着重进行刻画，并用艺术的手法进行排列绘制，寓意富贵满园。在画面的中央，故宫的猫蹲坐在石头之上，俯瞰整个故宫的美景，整个产品画面虚实结合，层次分明，细腻精巧富有古典韵味。产品的外框采用彩色的印刷配合高精度雕刻，工艺繁复，精雕细琢，产品外表光滑细致，同时，用金色电镀整个外轮廓，增加了产品的品质与细节，内里的激光雕刻使产品的前后关系分明，丰富了人们的视觉效果和产品使用体验感。底纹使用黄色的特种纸，采用 LED 柔光，光源均匀稳定，柔和温馨，能够更好地保护人们的眼睛，是一款提高生活格调的小夜灯。

如图 3-4-4 所示的长城小兵笔筒，创作者以长城为设计灵感。修筑八达岭长城征兵时，自小有着从军梦想的明小兵如愿入伍，之前职业长期卖烧饼，身材略胖，便成为一名合格的“龙套兵”，哪里需要往哪里搬。长城，也被称作万里长城，是中国古代的军事防御工事，也是一座重要的防护要塞，还是一道高大、坚固而且连绵不绝的长垣，用以限隔敌骑的行动。长城不是一道单纯孤立的墙体，而是以城墙为主体，与大量的城、障、亭、标相结合的防御体系。产品将长城元素和小兵相结合设计出，形象精巧可爱，用灰色和米白色塑造长城的外墙，还原了城堡的大门，笔筒后的小兵形象也惟妙惟肖，放在书桌上让消费者有一个舒适愉悦的学习环境。

图 3-4-3　宫猫记紫禁月满纸雕灯（图片来源：网络）

图 3-4-4　长城小兵笔筒（图片来源：网络）

图3-4-5　瑞金红色精神书签（图片来源：周靖康绘制）

图3-4-6　敦煌印象套尺（图片来源：网络）

如图3-4-5所示的瑞金红色精神书签，创作者以瑞金为创作灵感，将瑞金的红色文化和精神融入书签中，让人们铭记历史、传承优秀品质。瑞金是举世闻名的红色革命地、共和国的摇篮、中央红军长征的出发地，自1995年新华社在瑞金修建革命遗址、续写“红色家谱”以来，革命遗址已经成为瑞金红色旅游的一大景观。书签使用大面积的红色符合瑞金的红色精神，同时，字体采用的镂空设计更是具有设计美感，将红色精神口号传达得一目了然，红色背景上用黑色提取了口号中的关键字，表达了坚定的信念和决心。

如图3-4-6所示的敦煌印象套尺，创作者以敦煌壁画为设计灵感，将壁画中图案提取融入套尺中。敦煌，岁月侵蚀了山崖，斑驳了壁画，留下了不朽的文化。过去的敦煌受到世人的信仰，现在的敦煌是全世界人民的心之所向。敦煌壁画是千年的艺术缩影，数万平方米的精美壁画以傲人的姿态展现着它的魅力，诉说着它过往的传奇，套尺中的图是敦煌壁画不同时期的标志性元素，九色鹿正直勇敢，代表了美丽善良和正义；反弹琵琶是敦煌壁画的代表性作品；敦煌飞天以其数量之巨，造型之多变，体态之优美，现已成为敦煌艺术的标志。产品以楠竹为材质，图案印制精美，刻度清晰准确，边缘精细打磨，牢固耐用，用典雅的套盒包装，文化内涵与现代生活相互渗透，实用性与美观性兼具，传达千年间的艺术之美。还可以在套尺上刻上专属祝福语，让收到礼物的人获得来自敦煌的祝福。

如图3-4-7所示的寻鹿古风长条细窄丝巾，创作者以敦煌壁画中《鹿王本生图》为设计灵感，将壁画中的元素运用在丝巾中。《鹿王本生图》是敦煌莫高窟第257窟的北魏时期的壁画，本生故事讲的是佛教创世者释迦牟尼前生所经历的许多事迹。释迦牟尼原是古代印度北部一个小国王的儿子，传说他因看到人生、老、病、死很苦，便出家修行，以求解脱，后来成了佛，“鹿王本生”说的就是释迦牟尼前生是一只九色鹿，他救了一个落水要淹死的人反而被此人出卖的故事。产品将“鹿王本生”这一故事情节，以长方形的构图，分段描绘，十分严密而生动，突出地塑造了鹿王矫健匀称的美丽形象，有着浓厚的宗教色彩，赞扬了九色鹿的忘我精神，描绘了富有人格化的生态，宣传了善恶报应的思想。产品选用桑蚕丝材质，轻薄柔软，色彩绚丽，穿搭舒适，用信封的方式包装更显得庄重高雅，敦煌将这一份古风礼物赠予国风美人。

如图3-4-8所示的敦煌壁画文创书签，创作者通过敦煌壁画中反弹琵琶形象为创作灵感，将敦煌壁画的形象特征提取到书签中。敦煌壁画指的是中国敦煌石窟内壁的绘画艺术作品，属于世界文化遗产。敦煌壁画具有与世俗绘画所不同的审美特征和艺术风格，源于生活，美赏生活；源于艺术，集成艺术；源于世界，分享世界。创作者将敦煌壁画中的人物运用于书签中，将人物特征用线条的手法表现出来，使人物的形象俏皮可爱，同时，又将敦煌壁画中人物的神态和神圣肃穆的感觉表现得淋漓尽致，在继承了敦煌壁画动作和神态的基础上又对色彩进行了加工和想象，使得图案更加精致，产品更加精美，进一步发扬了敦煌壁画艺术。

如图 3-4-9 所示的红井加湿器，创作者将红井作为创作灵感，将红井元素提取融入加湿器中。红井是当年党和苏维埃政府关心群众生活，为人民群众办实事的历史见证；现在的红井也成了人们心生向往且仰慕的神圣之地，甘甜清澈的红井水养育了一代又一代的人们，一曲《红井水》流芳百世，唱遍了大江南北：“红井水哟，甜又清……”加湿器是一种给房间增加湿度的家电，利用红井加湿器让房间中的湿度升高，使人联想到红井中甘甜的水，仿佛置身于当时的年代；加湿器小巧便捷能够随身携带，其上半部分使用了透明玻璃材质，让使用者能够看清红井的内部结构和水源，仿佛站在红井边，回到当时乡亲们怀念红军到来的场景，顶部使用的收口设计让水雾缓缓冒出而不会使空气变得过于湿润，让使用者一直处于舒适的环境中。红井加湿器不仅宣扬了当地的红井遗址文化元素，也让使用者获得舒适和便利的生活。

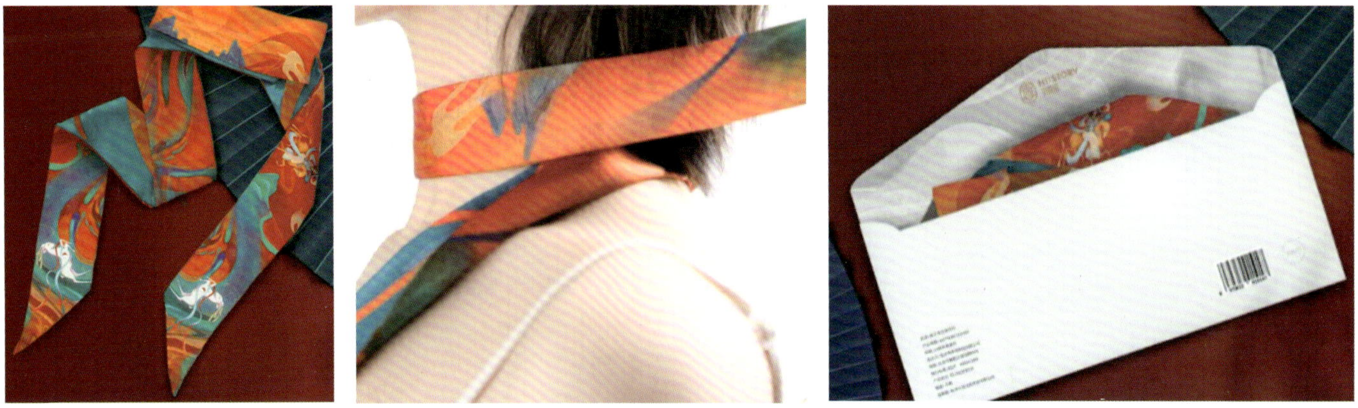

图 3-4-7　寻鹿古风长条细窄丝巾
（图片来源：网络）

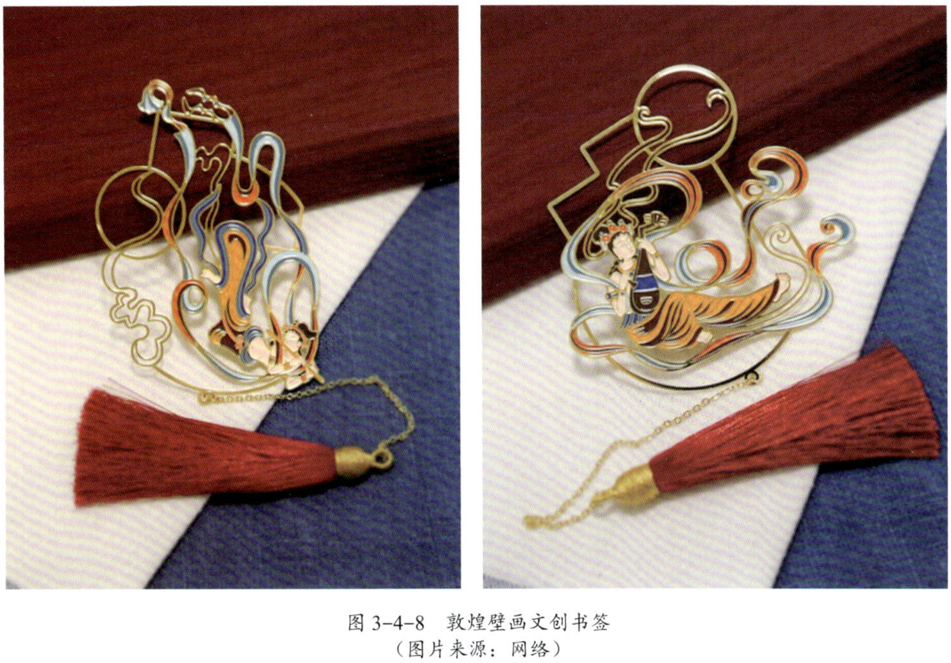

图 3-4-8　敦煌壁画文创书签
（图片来源：网络）

图 3-4-9　红井加湿器
（图片来源：周靖康绘制）

3.4.2 历史遗址类文化元素提取案例赏析

红井遗址

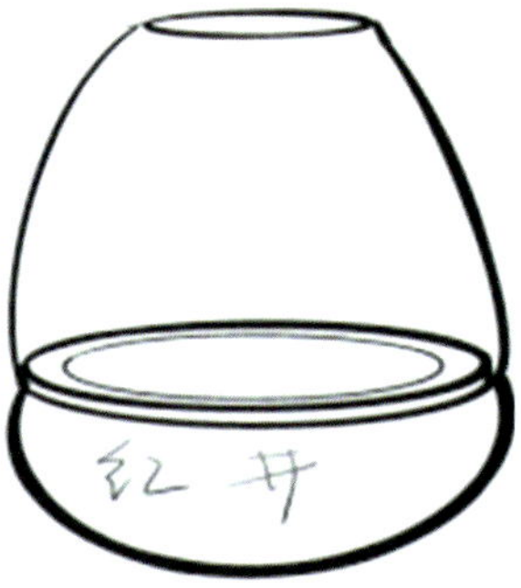

红井元素线稿提取

本章小结

本章主要针对旅游所在地地域文化元素进行分类，首先将地域文化元素大致分为山水风貌类、人文景观类、地方民俗类和历史遗迹类四类。同时对这四类文化分别进行概念分析和文化介绍，其次从地域文化元素出发，分析旅游文创产品和地域文化元素的关联性，对特定分类中的典型产品进行阐述，从产品的造型、使用和特点对产品分别进行介绍，同时，从消费者的角度出发，反思旅游文创产品的人性化设计，加深地域文化元素和旅游文创产品的融合，通过消费者的需求和产品的安全性设计出更受用户喜爱的文创产品，使文创产品在市场中拥有更长久的生命力，最后在四类元素结尾都进行提取案例分析，通过元素的造型，色彩对元素进行提取并重组，设计出具有独特地域文化元素的文创产品，加强读者对旅游文创产品的进一步认知。

本章作业

1. 对本章内容进行归纳总结。
2. 针对本章内容提取具有审美意义的家乡旅游文化元素进行旅游文创产品设计。

第4章　地域文化元素在文创产品中的运用及设计原则

4.1 山水风貌类文化元素在文创产品中的运用

4.1.1　山水风貌类文化元素在文创产品中的设计原则

设计原则包括对比、布局、统一、平衡、节奏，是用来组织和运用基本元素传达意义的方法和原则。在山水风貌元素中无论是哪种山哪种水，都具有生活中所存在的需要和意义，有着自己独特的魅力，在做元素提取时，将山水风貌元素赋予独特性和时代性，融入旅游文创产品设计中。山水源于自然，有着自然的审美观感，将山水风貌元素融入旅游文创产品设计中，不仅提升了生活情趣，也是为当地旅游文化进行无声的广告，宣传当地特色风光。将山水元素进行提取设计、简化，可改善传统的雷同设计、图案重复使用、缺乏心意的设计。山水风貌元素在我国历史悠久，在旅游文创产品设计中也运用较广，但大多没有进行简化不能明确表达当地特色，不易识别表达的山水是哪里的；将山水风貌元素进行打散、分解然后重组设计产生新的图案，设计出具有特色的旅游文创产品，可表达当地生活的真实场景以此来打动消费者，通过情感的深入表达引发游客购买的共鸣。

4.1.2　山水风貌类文化元素在生活用品文创中的融合延展

危山镇群望，岫崿凌穹苍。笔架又称为笔搁，即架笔之物，是中国文房四宝之一。书画时在构思或暂息之际借以置笔，以免毛笔圆转污损他物，是古人书案上必不可少的文具之一。

图 4-1-1 所示笔架的设计灵感来源是敦煌莫高窟对面的三危山。三危山的主峰在莫高窟对面，三峰危峙，故名三危。同时，整个三危山被誉为敦煌第一圣境，莫高窟因三危山之佛光而建，登佛教艺术名山，一窥莫高窟之根源。笔架表面肌理以磨砂的形式展现增加质感，同时，展现了敦煌地区戈壁的粗犷和风沙的侵蚀，线条苍劲挺拔、笔触有力。色彩方面选取了敦煌代表性的青绿色彩，绿色代表生机，以渐变的方式展现。层峦叠嶂的山峰凸显出山势的险峻，同时，也寄托了设计师的美好祝愿。

纵观整个三危遐观笔架的设计，整体色彩简洁素雅，选取敦煌的代表性色彩。造型提取自山形，使用上更加方便。其有两种用法，第一种可以置笔；第二种可以镇纸。青蓝色的山峰站立于书案的一角，简洁素净，能更好地彰显使用者的高雅情趣。材质方面巧妙地选择了粗陶泥，外层为高温磨砂釉，因为采用了高温烧制，所以造型立体独特，层次丰富。磨砂材质不容易吸附毛笔的笔墨，清洁方便，同时风沙感又明显。整个设计无论是造型材质还是色彩方面的选择都很好地展现了敦煌的特点，不仅造型独特，使用起来也很方便。

忙碌久了，往往向往安静舒适。座椅是一种日常生活家具；座椅有不同的类型，是生活中必不可少的一部分。

如图 4-1-2 所示，海元素座椅的整体设计分别提取了秦皇岛海边三要素——阳光、沙滩、海水。蔚蓝的海水、灿烂的阳光、松软的海滩，给人一种清爽、舒适、安心享受的效果。去海边度假的游客对于阳光、海滩、海水的追求是必不可少的。秦皇岛是中国首批沿海开放城市——中国海滨城市，秦皇岛港是世界第一大能源输出港，正因为如此，秦皇岛便形成了季节性旅游旺季，每年夏季来秦皇岛度假的人数会明显增长。

图 4-1-1　生活用品系列——三危遐观笔架设计
（图片来源：网络）

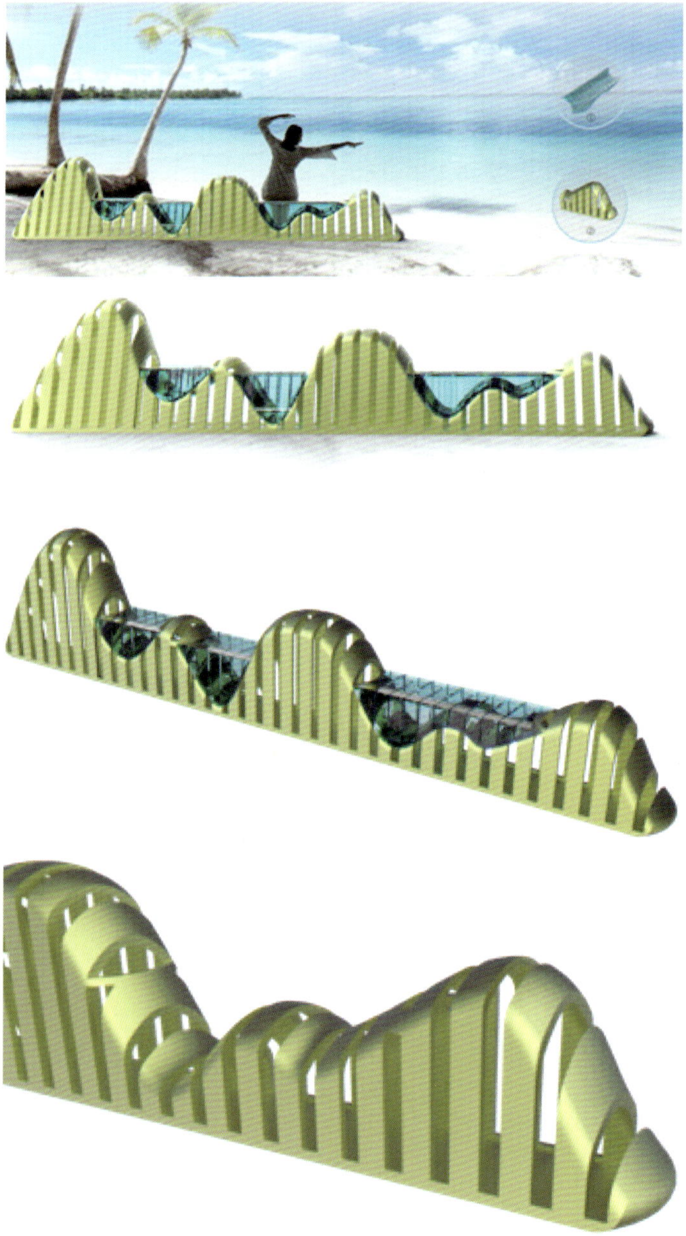

图 4-1-2　生活用品系列——海元素座椅设计
（图片来源：王丽茹、闫英豪设计）

在设计海元素座椅的过程中，材质方面用半透明的玻璃表现海水的清爽的感觉，同时，也体现海的清澈。交叉采用金属表现金黄的沙滩，利用金属的反光体现阳光的伴随。颜色上冷暖搭配。整体采用切割缝隙的大小和颜色变化区分海水和沙滩，使座椅达到一种通风、舒适的效果。

整个座椅设计简洁大方，没有多余装饰。因为秦皇岛也是多山的城市，因此，造型同时兼顾了山水。此款座椅可摆放在室外作为公共座椅，也可摆放在家里，既有实用性，同时又打破了传统座椅的造型。

世上万物皆有阴阳两面是道教阴阳学说所认为的，如女为阴，男为阳；太阳为阳，月亮为阴。选取日、昼代表男生；选取月、夜代表女生。作品以道家思想为依托，结合鄱阳湖标志性元素描绘出鄱阳湖人与自然和谐共处的景象，采用正负形的表现手法，设计了三组手表，如图 4-1-3 所示。

第一组：鄱阳湖大桥是鄱阳湖上的第二座公路大桥，是目前国内高速公路跨内陆湖泊最长、跨径最大的斜拉桥。产品描绘鄱阳湖公路二桥的日常工作画面，记录它对于促进我国交通道路和江西景区通行的便捷性的成就。该大桥具有地方高速和旅游高速公路的双重性质。

第二组：被誉为“白鹤世界”“珍禽王国”的鄱阳湖，现有已知鸟类310 种，是白鹤等珍稀水禽及森林鸟类的重要栖息地和越冬地。这一系列产品描绘出候鸟围绕鄱阳湖标志性建筑落星墩漫天飞舞的画面，体现鄱阳湖得天独厚的气候环境。

第三组：鄱阳湖进入枯水期后，湖中心将有一座冰川世纪的遗迹——鞋山岛将裸露出水面，大量的蓼子花铺满岛面，形成一大片花的“海洋”。这一系列产品描绘出蓼子花、草融汇出的一片植物海洋，体现了鄱阳湖的一片生机勃勃。

螺蛳壳风景区位于都匀市区西部约 20 千米，为斗篷山的姊妹山，因山形酷似巨大的螺蛳而得名。景区地跨 4 个乡，区内有大小溪流 31

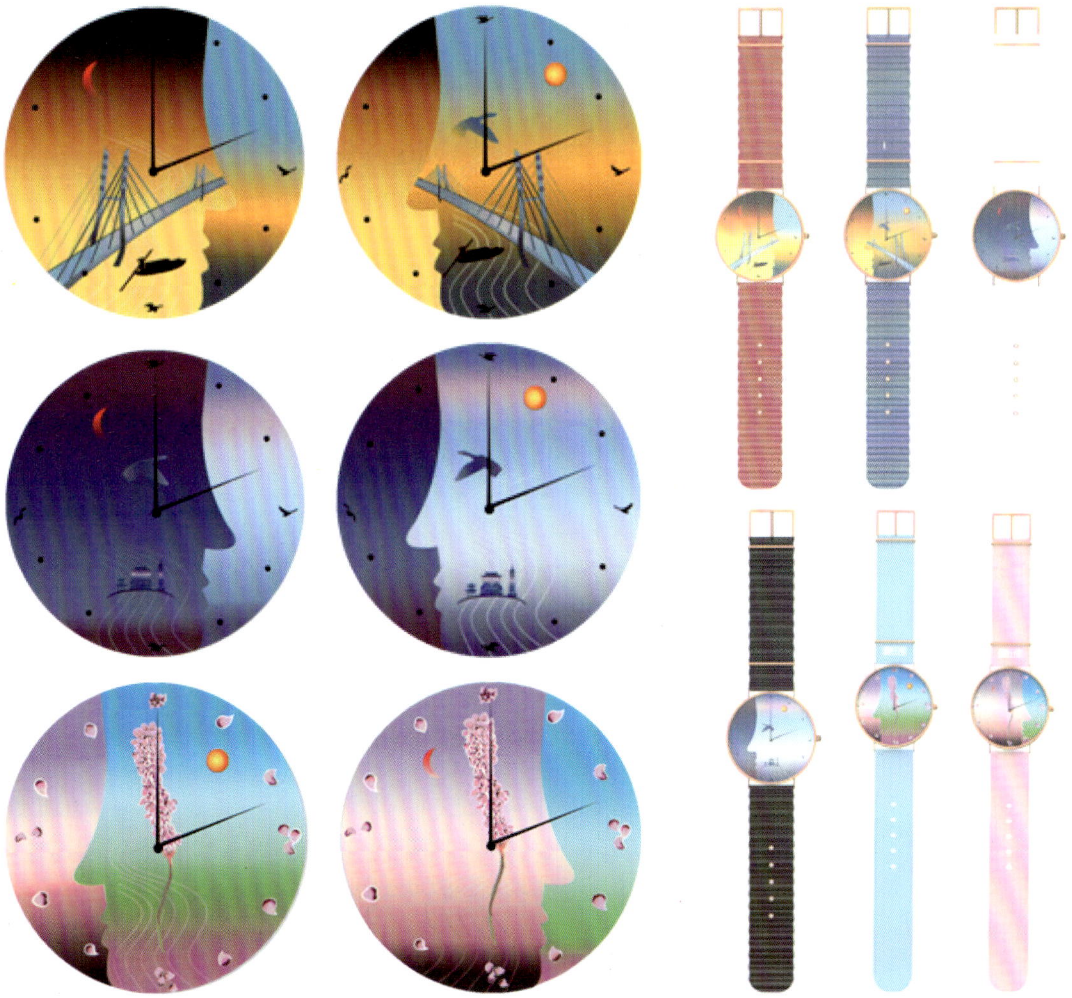

图 4-1-3　生活用品系列——鄱阳湖手表（图片来源：王丽茹、闫英豪设计）

图 4-1-4　创意礼品系列——毛尖茶包装效果图
（图片来源：王丽茹设计及制作）

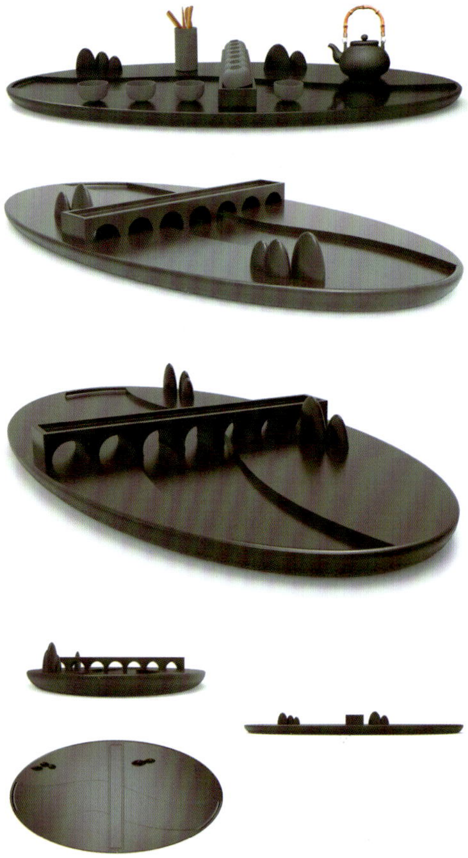

图 4-1-5　创意礼品系列——小七孔茶具设计
（图片来源：网络）

条，汇集于邦水河、隔妹河、菜园河，最后流入马尾河。螺蛳壳山之前是原始森林，水源丰富，森林生长茂密。

因为螺蛳壳山上景色美观且舒适，所以创作者将山进行了简化设计，提取线条与山上日出和夜晚的场景相互融合，设计出空山鸟语的作品。作品名称源于螺蛳壳山上人相对较少，因此称为“空山”；而“鸟语”是因为螺蛳壳山上安静得仿佛能听到鸟儿们在说话，工作累时，周末可以约上三五个好友去螺蛳壳山放松心情。作品融合了日出时的太阳，仿佛太阳和山连接在一起，白云清澈、天空湛蓝；创作者提炼了鸟元素，与鸟元素连接的是茶杯的设计，因为螺蛳壳山盛产毛尖茶，使用者可以用茶杯品茶；创作者还运用梯田元素做成了香薰，作品整体以木质为主。空山鸟语融合了黔南特色，可作为生活用品摆在家里的玄关处（图 4-1-4）。

整个作品给人一种安静舒适的氛围感，作为旅游文创产品可以很好地体现当地文化，宣传螺蛳壳景区的同时也在宣传毛尖茶，两者共同促进当地的经济发展。

4.1.3　山水风貌类文化元素在创意礼品文创中的移植衍变

我国是茶的发源地，有着悠久的历史，而茶具是饮茶必不可少的一部分，茶具的设计也越来越丰富，传统的茶具已满足不了许多爱茶人士的需求。因此，茶具设计深得设计师的喜爱，许多设计师开始设计不同造型的茶具。

如图 4-1-5 所示，小七孔茶具的设计灵感来源于贵州荔波小七孔景区，景区之所以叫小七孔是因为在景区进口处有一座建于 1836 年的小七孔古桥，桥由麻石条砌成，桥身爬满藤蔓和蕨类；小七孔桥下是涵碧潭，涵碧潭的水非常绿，让人看了陶醉在其中。桥的两旁有许多参天大树，树的枝脉顺着桥生长，仿佛是撑在桥上的伞。因此，整个茶具的设计就还原了小七孔的主要特色。小七孔桥上放置喝茶的茶杯，将茶杯倒置在桥上，方便下次使用，同时也让空荡荡的桥上多了一丝茶的气息，更加符合茶具的设计风格。

此款茶具设计色彩上采用黑陶，造型上主要突出小七孔与河流及山的形状，兼顾实用性及美观性，茶杯采用了磨砂质感，增加防滑性能，以免在使用过程中滑落。

重峦叠嶂的梦想，夜晚守护的微光，溪山晓月小夜灯如图 4-1-6 所示。光亮月盘隐匿于群山之后，偌大的玉盘散发着光芒，营造一种空灵美好的意境，如梦如幻似在画中。颇具古典风格的造型设计，可当室内家居摆件，增加时尚度与欣赏性。整个设计元素来源于溪山雨意图，溪山雨意图的山重峦叠嶂，影影绰绰的美感无时无刻不吸引着我们。

高高低低的山峰衬托着小夜灯，既有欣赏性又兼具实用性。光影十分柔和，给人温馨舒适的感觉。小夜灯不开启的时候仿佛和白墙融为一体，开启后暖暖的黄灯很温暖。在一整天忙碌的工作过后，在寂静的夜晚寻求小夜灯所带来的温暖，给忙碌的生活带来一些恬静。开启小夜灯之后黑夜随即被微光点亮，从此告别摸黑寻找开关，让睡眠更香甜。

溪山雨意，隔岸冈峦绵延起伏，烟雨空灵山影重重。构图精妙，中轴对称显示古典大方，高低密次，节奏分明。精工美铸，饱含匠心，施精雕细琢呈现的美景，给思绪留白。

采用镂空设计，仿佛光和影的交叠。色彩选择上十分清爽秀丽，错落有致。材质选用黄铜，质感舒适。

溪山雨意图所描绘出来的是朦胧烟雨中的江南水乡、山的重峦叠嶂和水的柔情。书签尺子的设计就是提取了溪山雨意图描绘的江南山水，山的高低错落，层次分明。同时，设计者也在表达自己渴望去丈量世界的梦想。河水两岸分开的是现实和虚幻，仿佛隔着地平线，人们为所想去学习、去阅读、去衡量，终究会达到梦想的彼岸（图 4-1-7）。

图 4-1-6　创意礼品系列——溪山晓月小夜灯（图片来源：网络）

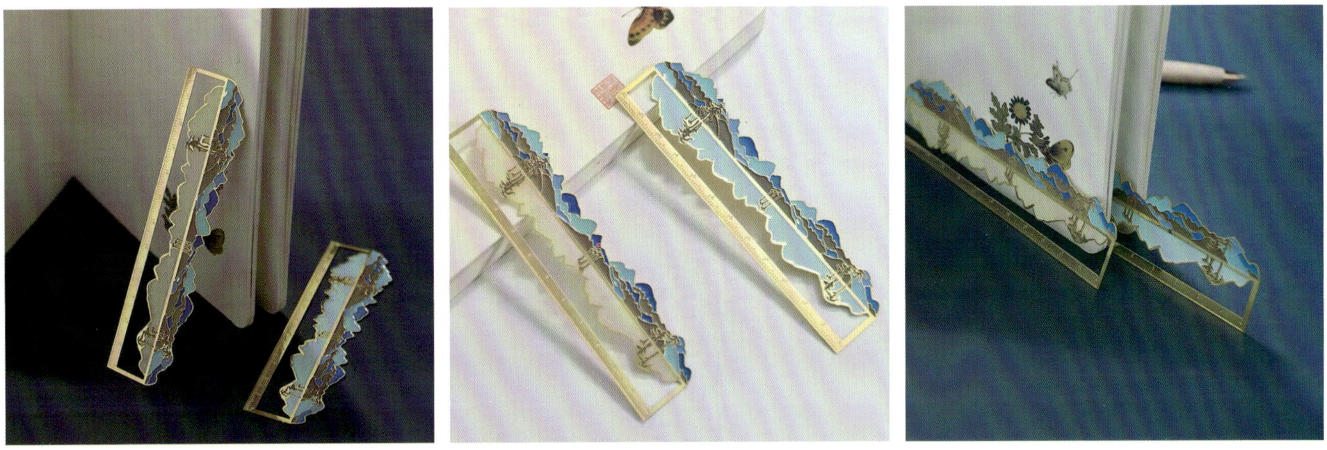

图 4-1-7　创意礼品系列——溪山雨意金属书签尺（图片来源：网络）

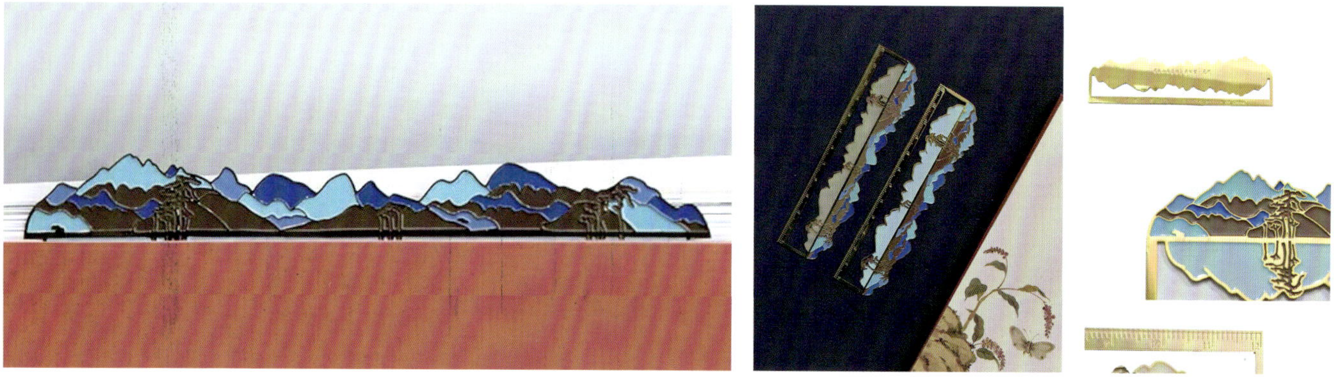

图 4-1-7　创意礼品系列——溪山雨意金属书签尺（图片来源：网络）（续）

图 4-1-8　创意礼品系列——毛尖茶包装效果图（图片来源：王丽茹设计及制作）

黔南布依族苗族自治州地处贵州高原，地势南低北高，而斗篷山海拔高达 1961 米，是全州的最高点。斗篷山由螺蛳壳景区、凤啭河景区、剑江景区、都柳江景区及斗篷山景区五部分构成。草原、飞瀑河流岩溶地貌、峡谷、多样的物种群、高山及民族风情相互交融，特色不一，共同组成了以斗篷山为主、以剑江河为辅的贵州都匀斗篷山——剑江风景名胜区个性突出的风景资源。都匀毛尖茶是中国十大名茶之一，习总书记到贵州考察时称赞要将都匀毛尖茶打出去。其后，黔南决策部署围绕“以茶兴业、以茶惠民、以茶养文”目标，出台了一系列促进茶产业发展政策，因此，创作者设计了毛尖茶包装（图 4-1-8）。

毛尖茶包装提取了黔南斗篷山的地势地貌元素，对斗篷山进行简化设计，将其设计为包装的外形与毛尖茶相互融合，包装底部采用的是毛尖茶生长时的场景；同时，设计了外盒包装使其方便携带，材质方面采用纸质材质，符合现代环保的需求。

游客在斗篷山游玩结束之后可选择毛尖茶作为礼物带给家人、朋友，毛尖茶包装本身就代表了斗篷山，其次毛尖茶也具有饮用价值，游客购买之后可以带回家和家人、朋友一起享用并回忆此次旅行的趣事及所见所闻。这不仅是对斗篷山及毛尖茶的无声宣传，同时也促进了当地的经济发展。

螺蛳壳景区的美景，是旅游文创产品设计的重要依据，还是旅游文创产品设计所想要表达的当地的文化符号。将螺蛳壳景区与旅游文创产品设计充分结合在一起，使旅游文创产品成为媒介，来展现当地的文化。旅游文创产品与当地文化融合还可以提高旅游文创产品的内涵和品质，进一步吸引消费者，促进旅游行业的发展。旅游文创产品设计对旅游地的宣传和推广起着重要作用，要想引起消费者的购买欲望，旅游文创产品就必须将市场和设计结合起来，并根据旅游文创产品的基本要素和要求对旅游文创产品进行设计。在设计过程中，旅游文创产品设计师应研究多种材料，结合当地的文化内涵和地域特色，精准地进行设计。旅游文创产品的本质就是要突出地方的特色，这也是旅游文创产品宣传和推广的优势。因此，地域文化在旅游文创产品设计中具有重要的作用，并且旅游文创产品中的地域元素也对旅游行业的提高和发展起着促进作用。

4.1.4　山水风貌类文化元素在土特产品文创中的韵味体现

牙舟陶属于贵州特产，距今有 600 多年的历史，生产的多为动物、生活用品及陈设品。牙舟陶的造型大多来自自然，因此，造型大多古朴，造型上以简单线条为主。色彩选择上多选用淡雅的色彩，搭配和谐。大多作品都能体现出当地的民族特色，光润晶莹。在设计上多选择蜡染、刺绣等图案，多以浮雕的方式展现，装饰性明显，多为纯手工制作。

如图 4-1-9 所示的牙舟陶包装设计考虑到牙舟陶造型古朴，又属于易碎品，所以，在材质上选用了传统的粗麻布，易于存放牙舟陶，也能更好地体现牙舟陶的历史悠久，更好地展现牙舟陶的纯手工传统艺人的坚持。整个包装的造型元素提取自贵州的山，因为贵州是一个多山的地区，云贵高原，山多且高，所以在整个包装的包口处选择做了三个山的造型。用麻绳封口也是为了更好地体现牙舟陶的古朴。底部用圆形，便于牙舟陶的存放。

整个包装图可分为三个部分，第一是用牙舟陶的陶土制作的牙舟陶卡片；第二是“平塘”两个字突出主题，红色印章点睛；第三是贵州的梯田图案。贵州梯田众多，随处可见的梯田美观又令人震惊，也更好地体现了牙舟陶的本土性。梯田用刺绣的方式，纯手工绣在包装上。刺绣也是贵州女性必不可少的一项技能。整个包装设计提取了贵州的山、梯田，同时也展现了老手工艺人的古朴，整个包装设计轻便又实用。

汉川莲藕，是湖北省汉川市的特产，因为肥大粗壮，纹理非常细腻且肉质松脆，被誉为“白璧莲参”。李子柒的藕粉选用的就是汉川的藕，一碗藕粉，无论是学生还是上班族，都是忙碌中不错的选择，同时藕粉中又加入了坚果，营养丰富，颜值与口感并存（图 4-1-10）。

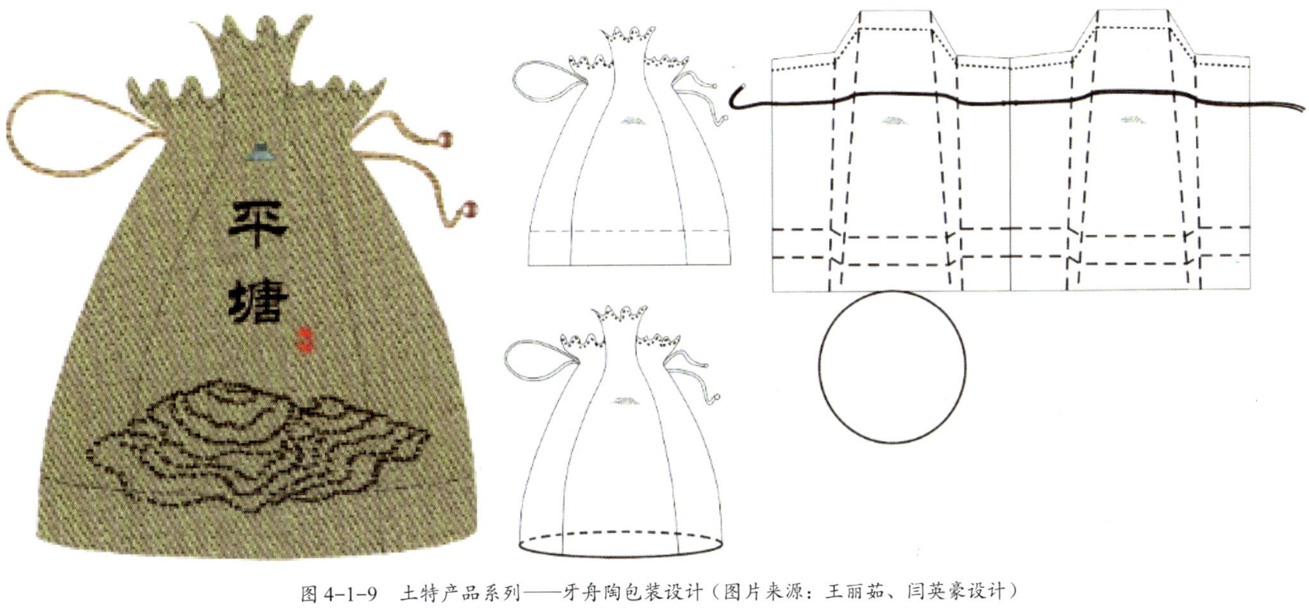

图 4-1-9　土特产品系列——牙舟陶包装设计（图片来源：王丽茹、闫英豪设计）

整个包装的礼盒设计，汉川莲藕用插画的形式展现，更好地促进了藕粉包装设计的创意表达，同时增加了藕粉包装的艺术内涵，赋予藕粉包装更为新颖的艺术效果。藕粉包装在色彩选择方面选用了绿色为主色，更好地体现了荷叶的颜色。

图 4-1-10　土特产品系列——李子柒藕粉包装设计（图片来源：网络）

莲藕在民间有好运连连，连年有余的寓意，莲藕与群山组合，有好运连绵的象征。选用烫金的方式渲染，高级又不失典雅。礼盒的正面是由荷花、水和山组成的，背面是一个大的莲叶穿插花朵。整个设计既提取了莲藕的元素，又体现莲藕包装的美观性和便捷性。

如图 4-1-11 所示的枣包装选用了狼牙山和易水湖作为主要的元素进行提取设计，狼牙山属于太行山脉，因狼牙山五壮士的事迹而闻名。易水湖属于人工湖，湖水非常清澈。这个枣的包装主要进行了扁平化的设计，前后层次分明、高低错落；主要提取了易水湖湖水的清澈湛蓝，将易水湖边的树和狼牙山的树巧妙结合，共同构成包装的图案。

在狼牙山的山间缝隙穿插太阳图案，仿佛太阳在山地慢慢升起，同时也寓意高升。将太阳看作点，山的线条看作线，而湖水是面，共同构成了点线面。包装图案用粉色，综合了山的绿和水的蓝，冷暖色搭配相互协调。采用五边形的造型，打破传统的正方形、长方形、圆形。在材质选择上选用了纸质材质，相对塑料材质更加环保，使用起来也方便，质量轻。

福州别称“榕城”，隶属于福建省，是福建省省会。福州地貌属典型的河口盆地，盆地四周被群山峻岭所环抱，属亚热带海洋性季风气候，著名景点有三坊七巷、鼓山、乌塔等。城里无处不在的榕树是福州最具标志性的象征物之一，榕树有着不计较环境、不选择条件的顽强生命力，因而，“落地生根，生命如炬，一脉相连”便是榕树精神。同时，福州也被誉为“生活在温泉里的城市”。福州的温泉文化历史悠久、一脉相传、延绵不绝。如图 4-1-12 所示的橄榄包装中的图案为榕树和温泉两种元素，创作者将它们的元素特征进行提取，再加以扁平化的矢量图效果，不仅体现了产品的地域性特征，更是对福泽橄榄在众多产品中能够如榕树般傲然挺立、如温泉般延绵不绝的美好祈愿。

图 4-1-11　土特产品系列——枣包装设计（图片来源：高陈郡美设计）

图 4-1-12　包装系列——橄榄包装效果图
（图片来源：郑翠萍设计及制作）

橄榄营养丰富，其中维生素 C 的含量是苹果的 10 倍，梨、桃的 5 倍，含钙量也很高，且易被人体吸收，尤其适合女性、儿童食用。橄榄产于我国南方福建等地，创作者将福州榕树与橄榄包装相互融合设计，当游客去福州旅行时，可以购买当地的特产带回家和家人一起分享，同时，橄榄又具有很高的营养价值，整个包装设计福州地域性十分明显。

4.2 人文景观类文化元素在文创产品中的运用

4.2.1 人文景观类文化元素在文创产品中的设计原则

人文景观又称文化景观，是指自然与人类创造力的共同结晶，反映区域独特的文化内涵，主要体现的形式为聚落，还包含建筑、服饰、音乐等，总之，人文景观形式多样、种类繁多。在文创产品设计中提取人文景观的形态特点加以运用，能够使当地的文化得以发展和延续。可运用传统的人文景观元素进行再设计，如提取部分景观构成元素，再进行重新排列组合设计，以此呈现新的视觉效果。对人文景观进行提炼时，需要由复杂到简单再改变形态进行处理；对元素的形态做一些主观调整，始终围绕本源进行设计，不需要追求写实打造一个完全真实的形式，要追求神似之感。取其精华的手法将人文景观原型再塑，进一步根据原来的形态进行图案化、简洁化设计，增加其视觉冲击力。色彩提取运用时要在多种色彩的共存下转化，以此来增加视觉冲击力，体现色彩的美感，达到和谐统一的效果。

人文景观在提炼过程中将多种元素进行融合设计，呈现出独特的视觉效果。人文景观与旅游文创产品相互交融，将传统与现代设计相结合，以此传递当地的文化，增强旅游文创产品的视觉冲击力，提高旅游文创产品的市场竞争力，同时，也是在呼唤游客对人文景观的保护。

4.2.2 人文景观类文化元素在生活用品文创中的记忆延伸

如图 4-2-1 所示，苏州博物馆创意小夜灯的设计主要提取了苏州博物馆的建筑和馆藏《仙山楼阁》图卷元素。苏州博物馆成立于 1960 年，馆址为太平天国忠王府，是国内保存完整的太平天国历史建筑物。苏州博物馆新馆于 1999 年由建筑大师贝聿铭设计。

仙山楼阁小夜灯　　流岚清风小夜灯

月下芭蕉小夜灯　　夜笼翠竹小夜灯

图 4-2-1　生活用品系列——苏州博物馆创意小夜灯设计（图片来源：网络）

小夜灯采用解构与重构的方式，采取苏氏园林错落有致的造景手法，多层镂空交叠，别样地展现了建筑与文物之美。小夜灯分为仙山楼阁、流岚清风、月下芭蕉、夜笼翠竹四种。点一盏夜灯，观一方世界，片石假山、八角凉亭、翠竹、芭蕉，苏州博物馆的每一个角落，都能让观众恋恋不舍。此款小夜灯将苏州博物馆的景致，通过立体化的方式展现，通过朴实无华的木纹来散发亲近与温暖。

重构的仙山楼阁图中，将溪山高远之景及江畔多姿多彩的风光立体化呈现出来，在氤氲的灯光下，感受山川妍美的气韵。流岚清风的设计中苏州博物馆是一座融入创新又保留传统的建筑，将苏州博物馆主题建筑与八角凉亭、片石假山融入方寸夜灯中。在灯光下，建筑明暗交错，就仿佛有灵气在浮动一般。月下芭蕉是层层叠叠的木质结构，让灯光好似月光般柔和，姿态各异的芭蕉叶也仿佛有了生命，看着光影婆娑下的苏州博物馆，不由地心也一同静了下来。夜笼翠竹夜色中的苏州博物馆，与夜风浮动下的翠竹和姿态灵动的猫咪，形成一幅有趣的画面，在灯光的映射下更显得温馨恬静。小夜灯的光线柔和，开启后整个建筑更显立体，外包装也将整个环境以线稿的方式展现出来。

如图 4-2-2 所示，角楼位于紫禁城内，是皇宫的防卫设施。时空流转，风云变幻，角楼站立于四方，是四面凸字形平面组成的多角建筑，看遍尘世纷繁，雍容沉静。角楼的每个角的比例都十分协调，檐角的设计都很秀丽，整个造型精巧细致，玲珑有致，是紫禁城的标志，使人惊叹和敬仰。

此款书签以紫禁城角楼为创意元素，选取文人折扇的形状做成镂空的。角楼烤漆上色，内置在其中，屋檐上面再设计添加祥云，产生众星捧月之感，同时更加显示出角楼的庄严气质。书签落于书页，标注阅读的刻度，别显一番清雅。

图 4-2-2　生活用品系列——故宫角楼书签设计（图片来源：网络）

整个书签都采用镂空设计，层次丰富别致，主书签主要提取角楼、祥云元素做成折扇形，下坠链条，上书角楼，造型简单大方，易于使用。材质上选择铜，铜材质韧性好不伤书籍，而且不容易氧化掉色，能够长期保存。

仙鹤、飞象、喜鹊和锦鲤的设计在表达着紫禁城的祥瑞福安，紫禁城内之物，有着紫禁城的大气与磅礴之美。仙鹤、飞象、喜鹊和锦鲤分别代表不同的寓意，再结合现代的设计，给烦闷的办公区域增添一些小乐趣，同时带来舒适的使用感受及美的视觉体验。

象在古代象征着高贵、盛世和太平。祥福飞象主要运用了象的元素，将象拟人化同时加上翅膀，设计成飞起来的大象，同时加上大片祥云和仙鹤进行点缀，增加视觉美感。

吉祥喜鹊设计主要用到了雪后故宫的屋檐、喜鹊、祥云及山的错落。表达喜鹊即将落在雪后屋檐的动感，视觉上仿佛喜鹊正在飞向屋檐，且正在准备报喜。

幸运锦鲤游动于紫禁城角楼，带来平安与幸运。锦鲤是幸运的象征，红色的锦鲤搭配紫禁城的赤砂红更能体现古典的韵味也寓意喜庆和好运，能带来好运吉祥。将两条锦鲤设计成游动向前的状态，搭配祥云、小鸟点缀。

飞翔仙鹤在紫禁城的屋檐翩然有风，仙鹤寓意延年益寿，色彩不娇不艳，姿态优美大方。飞翔仙鹤的设计主要体现仙鹤飞翔在紫禁城的上方。再搭配祥云、假山、冷暖色彩等，给人一种美的视觉享受。

如图 4-2-3 所示整套鼠标垫的设计不仅有历史感还有颜值兼具实力，图案精度高、印刷画面精致、色泽亮丽，同时底部防滑，易于贴合桌面不掉落，方便收纳不变形。

苗族人民大多居住在山区，山高坡陡，开挖地基极不容易，加上天气多变、潮湿多雾，苗族人民又历来依山傍水，因此需要居住在通风良好且干燥的地方。所以，苗族人民大多居住木质吊脚楼。吊脚楼在 7000 多年前就已经成型，在贵州黔东南苗族侗族自治州吊脚楼多为干栏式。在长江下游已经找不到干栏式吊脚楼的踪迹，在贵州黔东南苗族侗族自治州却代代相传，甚至成为当地的一大景观。

在吊脚楼的旅游文创产品设计中运用演变简化的吊脚楼元素，首先需要进行合理的提取和创新设计，在了解吊脚楼自身的文化之后，再将中心落到如何运用、如何

图 4-2-3　生活用品系列——故宫祥瑞系列鼠标垫设计（图片来源：网络）

设计等问题上。设计师将吊脚楼巧妙地与旅游文创产品相结合，根据旅游文创产品的特点对吊脚楼的内涵进行合理的衍生和补充，做到吊脚楼与旅游文创产品相互融合，带给消费者真正具有苗族特色的新的旅游文创产品设计。

如图 4-2-4 所示，角脚跳棋提取苗族特色的吊脚楼元素完成的，主要保留了吊脚楼的楼顶、翘起的楼角，还原苗族吊脚楼的真实构造。颜色采用单色，每方棋子一种颜色，棋子颜色从苗族人民生活的场景中提取。跳棋采用木质材质并与吊脚楼的材质相互吻合。吊脚楼是苗族人民生活中必不可少的建筑，也是苗族生活居住的代表，创作者采用单色代替吊脚楼的繁缛，将其进行简化设计、合理重组，使角脚跳棋具有苗族吊脚楼特有的特色。角脚跳棋简单而又具有代表性，是作为苗族吊脚楼旅游文创产品的不二之选。

4.2.3　人文景观类文化元素在创意礼品文创中的趣味转化

平塘卡蒲的虎头帽曾经获得吉尼斯纪录，是由卡蒲毛南族妇女共同制作完成的，此款虎头帽的摆件设计提取了虎头帽的虎头部分，将虎头帽的五官进行简化设计，使得整个摆件看起来更可爱圆润。甲茶村秀丽轻盈，岩石凹凸不平，因此形成多处高高低低向下流淌的河流，像是长绢、像是丝绸一般。甲茶村瀑布旁边的树木和翠竹十分茂盛，景色迷人。碧云潭是甲茶村脚下的第一个深潭，形状呈现为半月形，潭水非常碧绿，看起来就像是一块玉，边上有石头裸露点缀，和树木相互映衬，衬托潭水，层次分明。因此，甲茶村的摆件提取了树木、瀑布和石头为主要元素进行设计，石头起点缀作用，整个摆件造型设计成圆方形，没有棱角，圆圆的很可爱。平塘天眼是目前世界上最大的单口径望远镜，也是一口巨大的“锅”，天眼旁边就是天眼小镇，当你走进这座小镇，会发现随处都可以见到有关天文的元素，从路灯到建筑，无不显示出一种科技感。天眼摆件主要提取了大锅、发射器和星空。整个造型选用了椭圆形，色彩上提取了星空的梦幻蓝和天眼科技相呼应。

摆件也相应设计了内包装和外包装，因为每个摆件都有对应的支架设计，每个支架设计不尽相同。虎头帽支架采用了老虎的脚，甲茶村支架选用了石头，而天眼的支架则是行星的轨道。摆件和支架可以拆分，因此内包装包含了摆件和支架两个部分，避免两部分相互碰撞导致破损。外包装是手提袋，手提袋上悬挂对应的摆件卡片，每个摆件的外包装颜色也不相同。内外包装上都包含了毛南族的纹样，因为平塘卡蒲是全国唯一的毛南族故乡（图 4-2-5）。

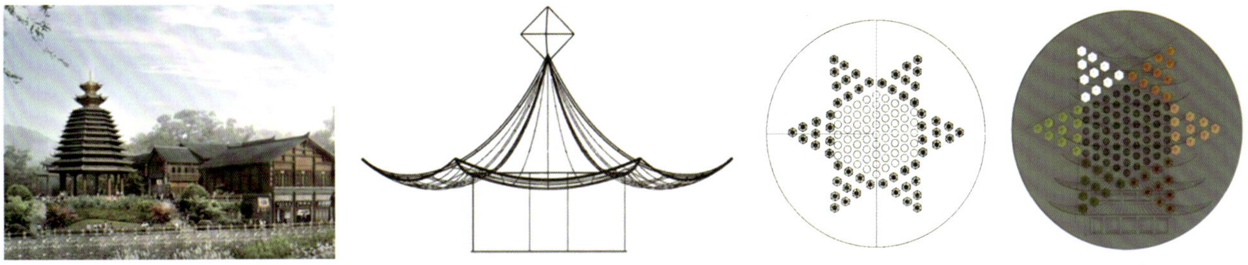

图 4-2-4　角脚跳棋——吊脚楼系列效果图（图片来源：王丽茹设计及制作）

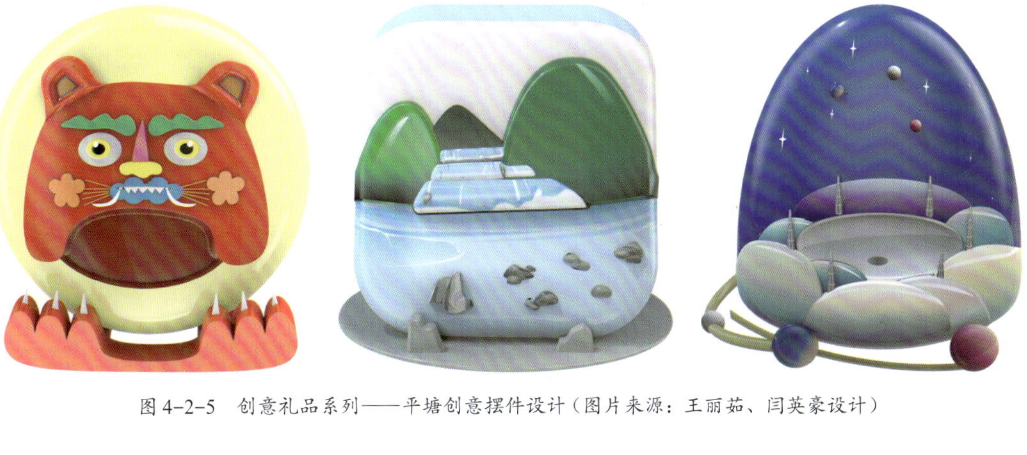

图 4-2-5　创意礼品系列——平塘创意摆件设计（图片来源：王丽茹、闫英豪设计）

图 4-2-5　创意礼品系列——平塘创意摆件设计（图片来源：王丽茹、闫英豪设计）（续）

如图 4-2-6 所示的西安博物馆古今建筑文创书签设计选取了西安博物馆的三个典型的建筑，展示了博物馆各具特色的建筑风貌。首先是小雁塔。小雁塔起源于古印度，层层内收，小雁塔的五层以下收分不大，六层以上急剧收杀，因此，使得整个小雁塔的外轮廓看起来更加秀丽，曲线也更加柔和，就好像一位亭亭玉立的少女，修长、挺拔和俊俏。西安博物馆是由著名的建筑大师张锦秋设计的，体现了“天圆地方”的设计理念，位于丝绸之路的东方起点——“唐长安城”。西安博物馆与小雁塔及荐福寺相互呼应共同构成古建筑群，交相辉映。

西安博物馆古今建筑文创书签设计在材质上选用了黄铜，使用起来方便，造型上提取了简化设计后的小雁塔、雁塔晨钟及西安博物馆的造型。整个设计十分巧妙，西安文化尽显其中。

神武门是紫禁城的北门。此款神武门收纳盒手机架设计（图 4-2-7）主要就是还原了神武门的城门，同时进行一定的设计改造，将城门设计成了手机支架，城门后方设计成了收纳盒，这样既方便放置手机又有了收纳的地方。收纳盒可以放置手机充电器，就构成了手机和充电器的“家”。

设计提取了神武门的古典色彩，将神武门的景象展现得一览无遗。神武门的一砖一瓦制作得都十分细致，仿佛就是神武门在眼前。

提起天坛，人们都知道它是首都北京的重要景点之一，通过实地勘察、网络资料搜集、对比，多数将祈年殿作为天坛公园的标志性代表，因此，选定祈年殿为天坛公园代表，以此开展旅游文创产品的构思设计。旅游纪念品不仅要具有区域代表性、美观性，还要具有一定的实用价值，增加旅游文创产品的实用价值可以进一步引发消费者的购买欲望。目前茶文化的市场非常广阔，最终确定以茶文化方向开展构思设计。采用点、线描绘，突出面的表现方式进行视觉衬托，引导消费者脑补祈年殿的画面；视觉方面，简单的操作同时也能增加旅游文创产品的趣味性。材质使用陶瓷和木头相结合开展设计，造型简单、相对重要的表现部位采用陶瓷材质表现，造型复杂、为衬托作用的表现部位采用木头材质。木头材质容易切割和雕刻，同时可以很好地保护陶瓷。陶瓷和木头相结合体现出一种古典美（图 4-2-8）。

整套设计以白色为主，主要提取天坛中的祈年殿做成一系列茶匙和放茶叶的容器。整套作品天坛元素明显，不仅体现了文创产品的艺术美和文化美，还能减少有限资源的浪费与污染，显得更加低碳、环保。

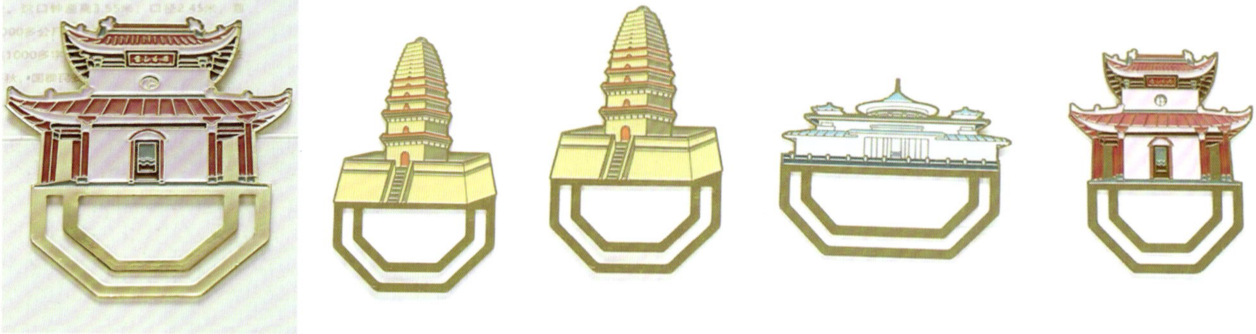

图 4-2-6　创意礼品系列——西安博物馆古今建筑文创书签设计（图片来源：网络）

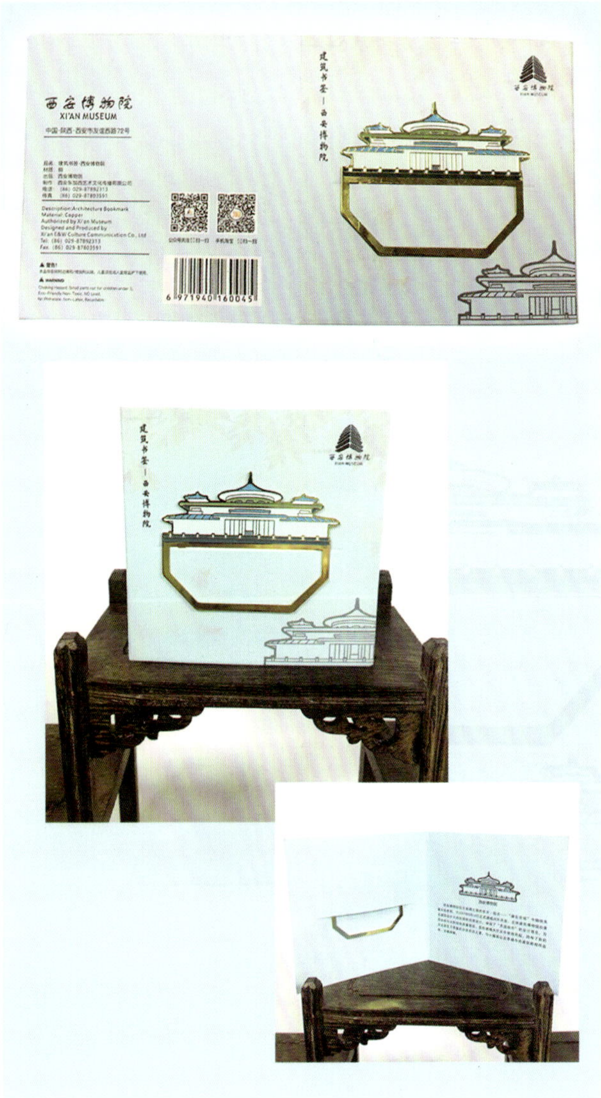

< 雁塔晨钟 >　　< 小雁塔 >

< 西安博物院 >

图 4-2-6　创意礼品系列——西安博物馆古今建筑文创书签设计（图片来源：网络）（续）

图 4-2-7　创意礼品系列——神武门收纳盒手机架设计（图片来源：网络）

图 4-2-7　创意礼品系列——神武门收纳盒手机架设计（图片来源：网络）（续）

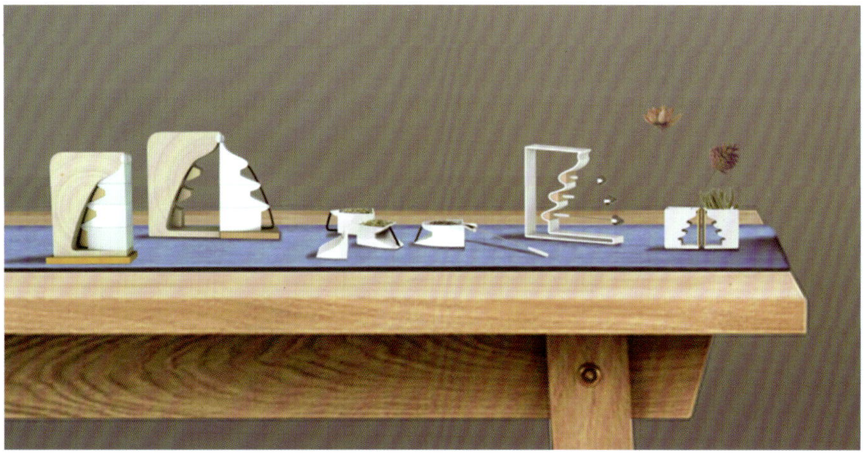

图 4-2-8　天坛茶系列——天坛系列效果图（图片来源：王丽茹设计及制作）

4.2.4　人文景观类文化元素在土特产品文创中的意境辅助

大慈阁位于河北省保定市，建于金朝，是寺庙群体建筑，以主体建筑大慈阁而得名，是保定市的最高建筑，可以看到保定全市景观。此款大枣包装（图 4-2-9）选用了大慈阁为包装主体元素，主要突出大慈阁整体建筑及大慈阁门口两个石狮，采用红绿撞色搭配，使包装更加突出，同时也保留了大慈阁的颜色。

包装采用两种形式：第一种是普通的罐装，简单包装。在包装设计上加入了祥云、太阳、绿叶元素，丰富效果，整个包装看起来完整美观。第二种采用了异形包装，包装整个造型打破了传统的形式，顶部采用了大慈阁的造型，突出了整个包装的地域性，屋檐下面采用了凸面设计，层次感更加丰富。

都匀毛尖茶的主要产地为都匀的团山。文峰塔位于都匀市，是五层木塔建筑。如图 4-2-10 所示的都匀毛尖茶包装设计在外形上主要提取了文峰塔的造型元素，因为文峰塔是都匀文峰园的主景。包装顶部和底部的花纹均提取自黔南地区少数民族特有的图案，使得整个毛尖茶的包装更具有黔南地区的民族特色。顶部的塔顶是整个包装打开的地方，打开即能将茶叶倒出来。

都匀毛尖茶包装选用的是纸质材质，因为纸质材质相对便宜，轻便且环保。

紫禁城的色彩，显示着中国传统宫廷建筑的辉煌瑰丽，有着自己独特鲜明的美感。因此，设计以故宫的建筑色彩为灵感来源，从汉白玉栏杆、和玺彩绘、宫墙、青绿琉璃墙壁、黄琉璃瓦、文渊阁中提取了六种颜色设计成彩墨套装，同时加入细腻的金银粉，能够再现朱墙金瓦，画出建筑的栋梁之美。

如图 4-2-11 所示的整套紫禁华彩墨水玻璃蘸水笔搁套装设计十分巧妙。整个礼盒的外包装提取了紫禁城的建筑元素作为主体，同时，再加上代表吉祥的仙鹤、祥云等元素，无不体现着紫禁城的威严及庄重之美。整个包装的色彩同样选择了建筑的色彩，以红色、黄色为主色，蓝色、绿色、白色点缀，整个设计彰显大气，金边点缀体现着精美。

“榕城双塔”为福州标志性建筑之一。双塔，即于山的白塔（原名为定光塔）和乌石山的乌塔（原名为坚牢塔），白塔在东，乌塔位西，黑白对峙，两塔遥遥相对、相互守望，完美展现出百年前的福州古城。如图 4-2-12 所示，橄榄包装的图案提炼了白塔和乌塔两个元素，在保留二者基本特征的条件下进行元素的提取，融合现代扁平化插画的表现方式对图案进行移植、重组、再设计，以此将传统元素与现代审美及橄榄三者相结合，体现出传统文化与现代文化的视觉和情感碰撞。

同时，榕城双塔元素在“福泽”橄榄的包装中使用，意在借榕城双塔相互守望的寓意表达福州城对橄榄的养育，以及这千年名果为福州城承载着千年的文化历史，二者相辅相成的深刻含义。

在包装设计中，色彩最先吸引消费者的注意力，在旅游文创产品的包装设计中，创作者对福州和橄榄的色彩进行梳理、提取、筛选和升华，从多个角度选择合适的色彩，以此来吸引消费者的注意力。把握好文化、设计、人三者之间的联系，成功地将地域文化转换为销售市场的卖点，文创产品才能从地方走向全国乃至走向世界。

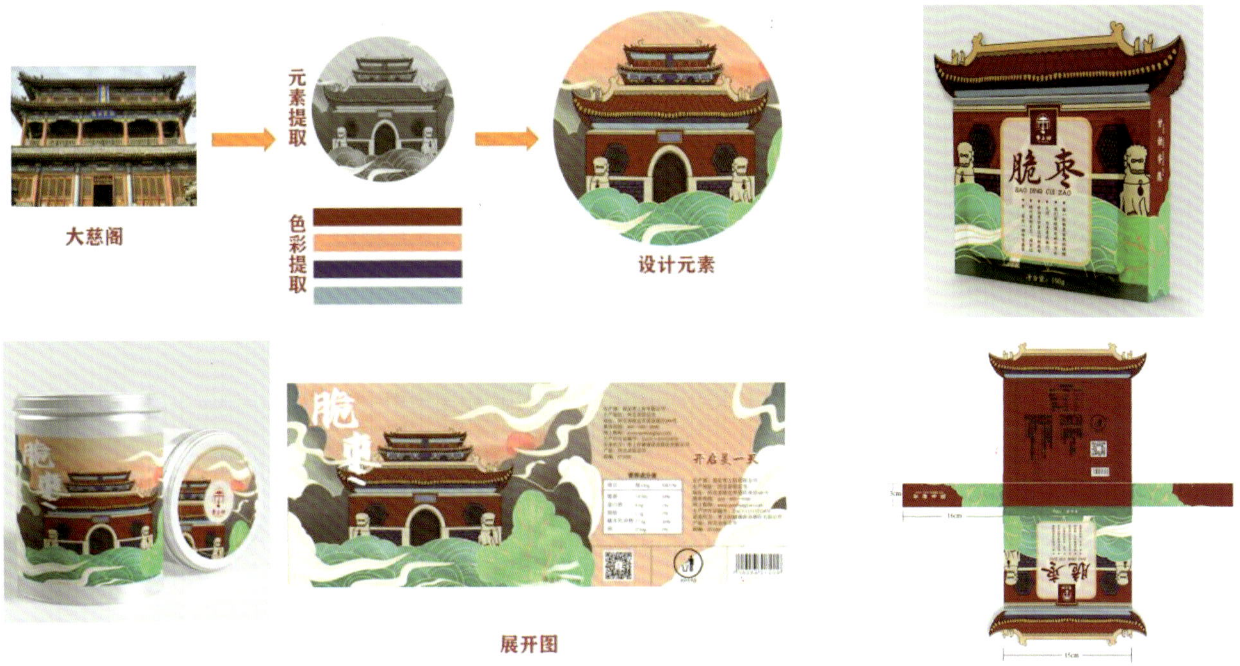

图 4-2-9　土特产品系列——枣包装设计（图片来源：高陈郡美设计）

图 4-2-10　土特产品系列——都匀毛尖茶包装设计（图片来源：网络）

图 4-2-11　土特产品系列——紫禁华彩墨水玻璃蘸水笔搁套装（图片来源：网络）

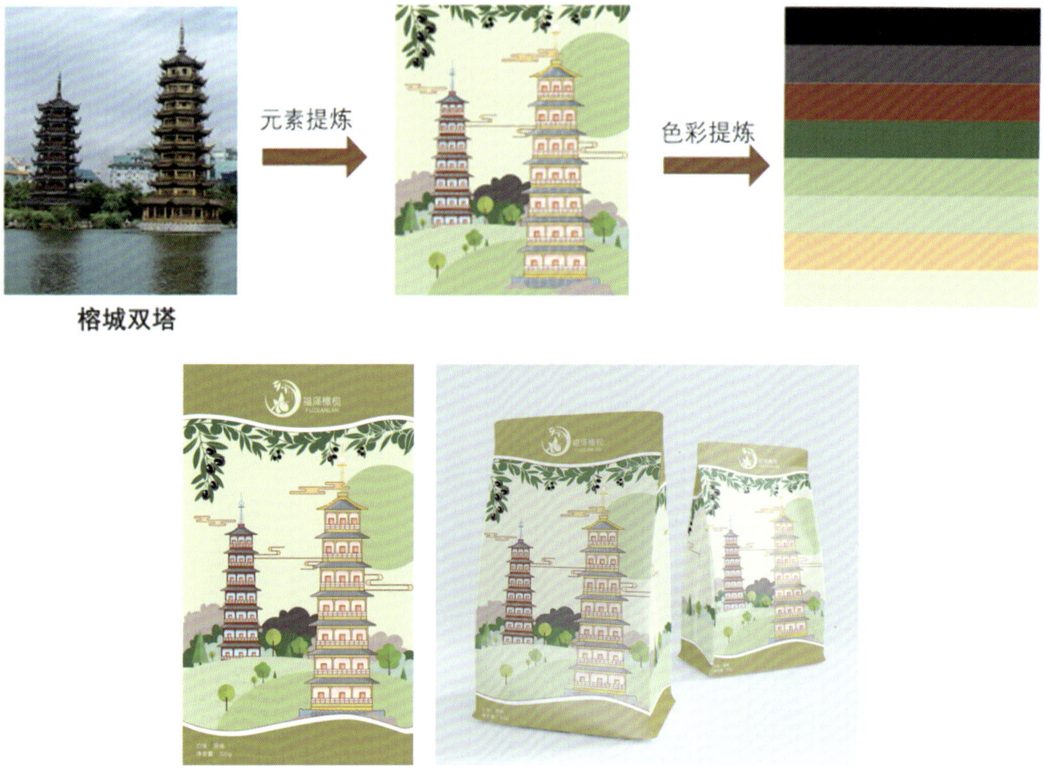

图 4-2-12　包装系列——橄榄包装效果图（图片来源：郑翠萍设计及制作）

4.3 地方民俗类文化元素在文创产品中的运用

地方民俗类文化是指各民族在各自地域的文化历程和生活习俗的传承中形成并植根于社会生活的实体性意象，是漫长历史进程中得以流传下来的文化瑰宝。地方民俗文化是民族的基础文化，与各民族的日常生活息息相关，它代表着国家、民族和区域内居民的共同积累、开创和传承的生活文化。另外，民俗文化囊括了物质层面、社会层面和精神层面。本节所提到的地方民俗类文化元素是指能满足其精神层面的需求的物品，如民族服饰、图案纹样等。

将地方民俗类文化元素运用于旅游文创产品设计中，是通过对从传统民俗活动抽象化的意识形态中提取出的设计形式要素进行提取与简化，再以现代化视角将其进一步重组与构建，从而设计出兼具民俗文化价值、创新设计理念及旅游体验感的文创产品，由此来完成游客、产品、文化及不同时空背景下的“交互式与引导式意义表达”。创作主题为“地方民俗类文化元素的旅游文创产品所蕴含的物质属性被赋予文化意义，与此同时，通过对民俗文化元素符号的深度解读与拓展，使文创产品设计具有丰富的情感语义，令消费者产生强烈的情感共鸣，并使消费者对产品所表达的意义心领神会，产生联想”。因此，民俗文化自身不仅实现了传承与发展，其千百年积淀的精髓也在散发着璀璨光芒，凸显出巨大的经济潜质。

4.3.1 地方民俗类文化元素在文创产品中的设计原则

地方民俗类文化元素在文创产品中要把握差异化设计原则。要让自己的作品具备差异化特征就必须从多个角度展开分析、加强判断、进行深入思考。运用目标市场定位策略对客观存在的不同消费者群体，根据不同产品的层次和消费者的特点，采取不同的针对性策略设计创新方式。依据不同市场需求的多样性和购买者行为的差异性将整体市场进行区分，划分出若干个包含某种同类特征的顾客群，有利于选择与确定适合自身的设计策略或方法。定位分类可从以下三个方面出发。

（1）地域创新。地域文化植根于不同的文化背景和生活环境中，蕴含丰富的文化底蕴和悠久的历史传承基础，根据不同地域环境的变化情况结合相应的设计方法，将富有地域特色的民俗文化融入产品设计，使产品具有地域性特征。在文创产品设计中提炼出地方民俗文化，将风格各异的地域文化融入商品的设计和文化的传播中，是设计师实现文创产品差异创新的方向之一。如图 4-3-1 所示的妈祖“月中折桂”文具礼盒文创产品中融入与妈祖故事有关的词语、成语，用更加趣味的方式表达妈祖文化，增强妈祖文化的推力，让人们进一步了解妈祖。如图 4-3-2 所示的妈祖“可知天机伞”文创产品，开伞雨落，收伞云散，将妈祖可预知海上风雨的能力囊括在伞上，体现了妈祖保护人民的伟大精神。创作者采用现代流行色彩将人物形象进行重新设计，运用字体设计将人们心目中原有的妈祖文化的沉稳庄重的风格重新塑造，打造时尚又不失庄重的文创产品。让妈祖形象年轻化，使之更容易让年轻人接受，既迎合了现代人们的审美观，又间接传播了地域民俗文化。

图 4-3-1　妈祖“月中折桂”文具礼盒文创产品（图片来源：网络）

图 4-3-2　妈祖“可知天机伞”文创产品（图片来源：网络）

如图 4-3-3 所示的“槟槟有礼”收纳盒文创产品，产品设计主题是将海南槟榔文化与文明环保相结合。设计师使用了马口铁盒作为收纳载体，衍生设计了有可回收标志的手绘外包装和吐槟榔渣用环保袋等。马口铁盒在包装设计上以线描的手法，勾勒出海南特色的海洋文化、骑楼文化、红色文化和黎苗文化元素，在功能性设计上力求循环使用及方便携带。同时，专门设计出富含文化底蕴 LOGO 字体标识，将槟榔特色伴手礼与海南当地文化紧密相连。

如图 4-3-4 所示的海南传统文化手办文创产品凝聚了海南文化特色，打造出一系列可爱简约的造型风格，让传统文化更加深入人心。设计师将海南的妈祖文化、龙舟文化、麒麟文化及海洋文化相结合，分为灵女、祥瑞、小海、青龙四个不同的角色，每个角色都具有不同的意义。设计师通过当下潮流的手办为载体，对海南传统文化进行传承，极具装饰性和趣味性，具有巨大的商业价值。

（2）产品品类的创新。产品品类的创新是指设计师通过设计出多种不同规格、质量、特色和风格的同类产品，来适应各类顾客的不同需要和价值诉求，避免产品的同质化现象。在实现文创产品品类创新时，应注重以产品的系列化、品牌化为导向，统一规范整体形象，更加明确地突出设计产品的主题和个性。如图 4-3-5 所示的大英博物馆小黄鸭，通过将埃及法老等地方性元素融入小黄鸭中，使原本色彩单调的文创产品变得生动有趣、富有活力。

如图 4-3-6 所示的陕西榆林剪纸纹样滑板文创产品，设计师分别从包括榆林剪纸在内的陕西民间剪纸的造型、色彩、构图等方面进行插画设计，对其中具有代表性的虎、石榴、花卉、蜘蛛等图形元素进行提取和再设计。在色彩上，融入渐变配色，承色异彩，使整体更加现代；构图上采用对称式构图，画面饱满充实，视觉冲击力强，将民族文化与现代艺术相结合，使陕西民间艺术更好地融入人们的生活并焕发出了新的风采。

图 4-3-3　“槟槟有礼”收纳盒文创产品（图片来源：网络）

图 4-3-4　海南传统文化手办文创产品（图片来源：网络）

图 4-3-5　大英博物馆小黄鸭（图片来源：网络）

如图 4-3-7 所示的海南椰青主题“琼棋椰香”象棋文创产品，造型取自椰青的造型元素，通过与中国象棋中的人物内容相结合，拟造出充满 IP 形象意味的棋子。功能加美感的设计，既可以作为儿童益智象棋玩具，又可以作为积木式的公仔摆件，使产品可以面向更加全面的消费群体。吸拼接式的象棋棋子，可进行任意组合，甚至可以作为桌面摆件，用户可以通过文创产品延长自己自贸港之行的新奇体验。通过可以拆解的棋盘和积木式的模块化设计，创造出象棋之外更多的趣味玩法，帮助用户构筑各种想象，满足用户更多的探索需求。此外，在色彩方面，蓝红的色调容易引起使用者的好奇心和尝试热情，同时，三原色也是儿童最敏感的颜色。色彩的取用也充分植入了海南的地域文化色，取自黎族服饰纹样上的色块色。设计师通过拓展整个产品的模块化设计思路，让以椰青为形象特征的 IP 得到充分拓展，令用户在使用时再次感受到记忆中的海岛之风。

（3）消费群体的差异化创新。消费群体的差异化创新是指根据不同的消费群体的消费需求和消费心理走差异化路线，锁定消费群体差异化进行设计。对消费群体进行细分有利于对产品开发品类的细分，从而实现产品的多样化和个性化。如图 4-3-8 所示的刘易斯西洋棋冰箱贴，将原本严肃沉闷的西方武士通过差异化的设计原则进行设计，实现了文创产品趣味性和实用性的统一，既丰富了人们日常的审美情趣，又重新塑造了符合现代审美的历史记忆。

如图 4-3-9 所示的“百鸟灵韵”苗族纹样帆布包文创产品，设计师通过对传统百鸟衣纹样进行排列组合、变形、拆分等一系列变化，将传统元素融入现代感的配色和形式处理，实用与美感兼具。帆布包色彩对比强烈，具有独特而新颖的视觉效果，结合了现代审美取向的多

图 4-3-6　陕西榆林剪纸纹样滑板文创产品（图片来源：网络）

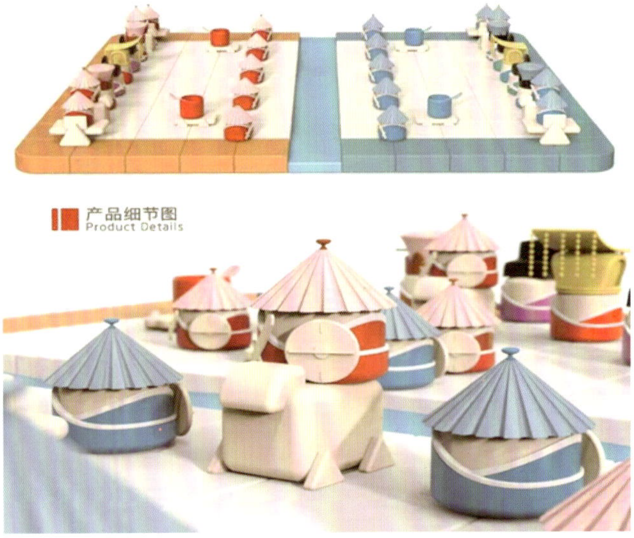

图 4-3-7　海南椰青主题“琼棋柳香”象棋文创产品（图片来源：网络）

图 4-3-8　刘易斯西洋棋冰箱贴（图片来源：网络）

图 4-3-9　“百鸟灵韵”苗族纹样帆布包文创产品（图片来源：李欢欢自绘）

样明快和消费受众群体的需求。“百鸟灵韵”帆布包整体设计提炼了图腾文化，运用图案纹样的形式很好地结合了消费受众群体的需求，表达了民族情怀，具有独特而新颖的视觉效果、商业价值和文化传播价值。

如图 4-3-10 所示的黎族纹样陶瓷杯文创产品，杯子运用黎族的纹样作为设计元素，遵循每一幅段的图案色彩统一对称的原则，绕杯口一圈。珐琅蓝朴素幽雅，轻奢绿生机勃勃，景德镇制瓷工艺真金描线，明亮色彩搭配出极简和极繁的相互碰撞。恒温杯垫以几何形式对人形纹和蛙形纹的解构重组，具有强烈的视觉冲击力而又和谐稳重的艺术美。杯盖的鹿头结合了黎族脍炙人口的《鹿回头》传说，象征美好、吉祥，与产品的主体相呼应。抽象、写意性的黎族图案造型和现代工艺的有机结合，呈现出了传统民俗文化和现代时尚结合的文创产品。

4.3.2 地方民俗类文化元素在生活用品文创中的特点塑造

一般来说，文创产品的功能性绝不是单一的，它应该集实用功能与审美功能于一身。在进行地方民俗文创产品设计时，设计师应植根于地域文化，突出产品的个性特征，妥善安排好产品的各项功能并调整好各功能之间的关系。如图 4-3-11 所示的水族头饰旅游文创产品，设计师将水族特有的头饰通过发卡作为载体进行文创产品设计，以形载意，用俏皮可爱的方式间接传递水族精神，使得原本厚重的民俗文化内涵变得活泼起来。

关于文创产品设计载体的选择，一般来说，设计师为了吸引大众的消费会选择一些人们日常生活中常用的物品，再运用设计手法将其设计成具有地域民俗文化内涵的文创产品。设计师通过仿生、提取文物的表面肌理、整体质感、色彩特征和造型等特色方式，结合该产品的实用功能设计出日常生活中的日用品。如图 4-3-12 所示的是水族牙刷套装，其创意在于将形态进行了转换，结合水族喜食鱼的特点，将普通的牙刷头设计成鱼的造型。在创意方面，将原本枯燥的洗漱过程通过卡通化手段变得有趣起来，给人眼前一亮的感觉，同时也丰富了人们的审美情趣。

图 4-3-10　黎族纹样陶瓷杯文创产品（图片来源：网络）

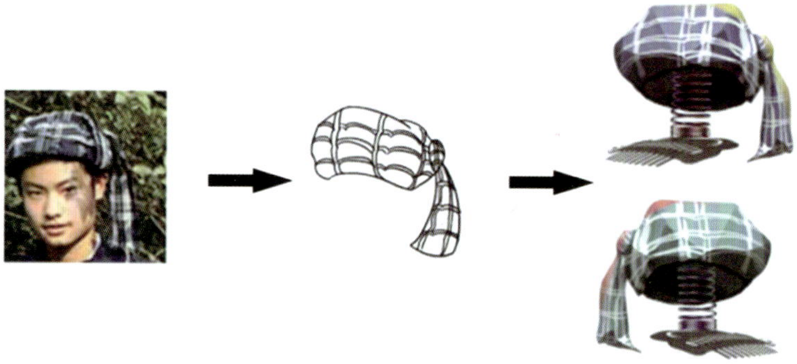

图 4-3-11　水族头饰旅游文创产品（图片来源：陈文芳自绘）

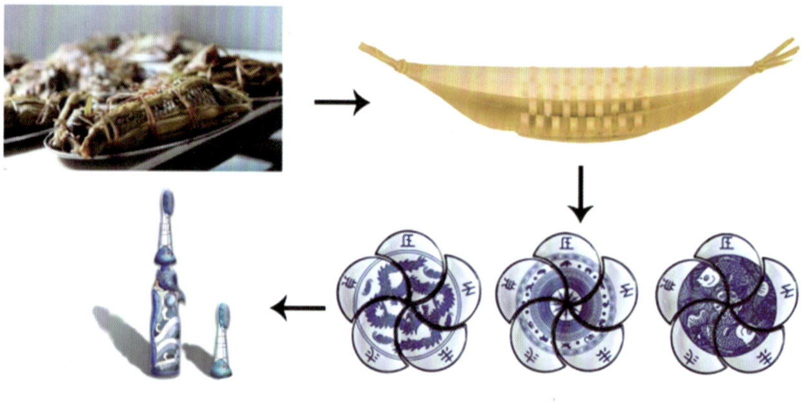

图 4-3-12　水族牙刷套装旅游文创产品（图片来源：涂勇自绘）

如图 4-3-13 所示的贵州黄平泥哨十二生肖造型抱枕文创产品，在造型方面其设计方案着重从十二生肖主题出发，在外观上对原有造型进行简化与系列化，并根据不同生肖的形态特征进行夸张设计，这也正是此设计的创意之处。抱枕直观写实，以椭圆体为基本结构，结合生肖的不同特征并依据具体个体的特点进行调整，使其保持一致性。与此同时，考虑到消费者在使用产品时的舒适度，故皆采用圆弧形为抱枕底部形状，抱枕大小基本统一。另外，以椭圆体为基础符合现代产品设计的简单趋势，在效果的表现上也有一定的优势，也降低了加工生产阶段工艺的复杂度；在色彩上参照黄平泥哨的色彩搭配特征，以黑色为主，配以白色、红色、绿色、蓝色等鲜艳明亮的颜色，也增添了系列效果。如此搭配，一方面是致力于传承黄平泥哨传统的色彩特点；另一方面在于用强烈的色彩冲击力来抓住消费者眼球；在装饰上则多从贵州苗族传统刺绣纹样入手，多运用圆形、弧形等几何纹样。综合来看，造型抱枕的系列化特征十分明显，单独造型特点较为明确，对于黄平泥哨艺术元素的参考较为直接，因此，外观上自由形态较多，在后期实物制作中不易受到其他方面的限制。

如图 4-3-14 所示的“黔情苗韵”苗族少女徽章文创产品，设计师以苗族各具特色的不同支系为灵感来源，以徽章为设计载体将历史悠久的苗族服饰文化融入文创产品设计之中。其徽章形象是从苗族六个具有代表性的支系中提取出具有较高辨识度的元素，经过图案、色彩方面的提炼与创构及多样化衍变，创作出生动可感、亲和力强、易于推广的苗族少女形象。整体文创产品具有独特而新颖的视觉效果，结合了现代审美取向的多样明快和消费受众群体的需求，同时，产品也能体现出贵州苗族的民族特色，蕴含民族情怀与民族的文化传承意义。

图 4-3-13 贵州黄平泥哨十二生肖造型抱枕文创产品（图片来源：李欢欢自绘）

图 4-3-13 “黔情苗韵”苗族少女徽章文创产品（图片来源：李欢欢自绘）

图 4-3-15 “诗礼夫子”卡通人偶文创产品（图片来源：网络）

图 4-3-16 云南猫福玩偶文创产品（图片来源：网络）

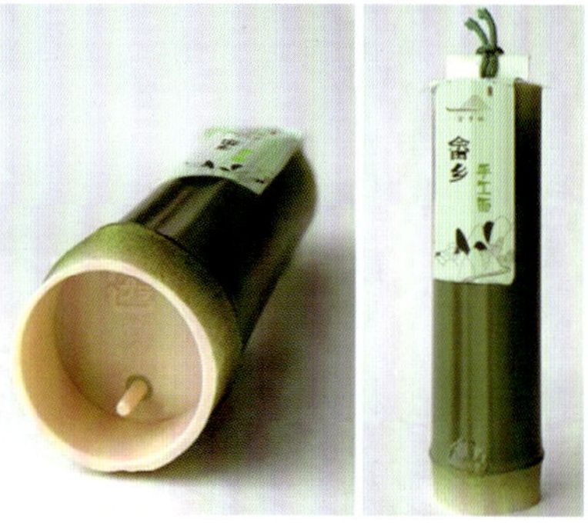

图 4-3-17 “畲乡赋”畲族手工面旅游文创产品包装（图片来源：涂勇自绘）

图 4-3-18 “畲乡赋”畲族腌鱼干包装旅游文创产品（图片来源：路雨华自绘）

4.3.3 地方民俗类文化元素在创意礼品文创中的情感联系

由于广大消费者的年龄、性别、知识文化层次、社会经历的不同，他们对于趣味的理解方式和产生的情感共鸣也并不同。有的消费者比较注重功能方面的趣味，有的则是更喜爱视觉感官带给自己最直接、最直观的个性趣味。在人们不同诉求点的驱使下，各种层面的趣味性又得以强化，带给人们截然不同的个性体验。如图 4-3-15 所示的“诗礼夫子”卡通人偶文创产品，通过卡通形象快速拉近消费者与人物之间的距离，让消费者体验新一代的“君子之姿”；在造型方面，设计师融合了唐、明、清三代孔子教像蓝本，让孩子们在感受儒家文化氛围的同时，还学习了传统文化知识。

“诗礼夫子”卡通人偶为孩子们营造了深厚的儒家文化氛围，根据不同消费者群体的需求设计出相应风格的产品，避免产品的同质化，突出“诗礼夫子”卡通人偶产品鲜明的儒雅个性，使儿童更易于接受，快速拉近了两者的情感距离。

如图 4-3-16 所示的云南猫福玩偶文创产品，其设计灵感来源于云南瓦猫。瓦猫作为镇宅兽是云南传统民居的特有风俗，将其怪诞新奇的美感同现代消费者热衷的“萌”相融合，设计出符合现代消费者要求的趣味性产品。设计中保留瓦猫大嘴大眼的特色，将其传神刻画得入木三分，把“吞金屙银”的传说融合成福口中的一枚金钱，具有招财进宝、逢凶化吉的美好祝愿。

4.3.4 地方民俗类文化元素在土特产品文创中的融合创新

文创产品的包装设计对于产品的销售具有举足轻重的作用。成功的土特产包装能够在第一时间抓住消费者的眼球，吸引消费者进行购买。将当地的民俗特征放大并将其融合在文创产品中，创新产品的功能性，就能使消费者看到土特产的特色，诱发消费者的购买欲望，提高当地居民的收入，从而提升地区经济和文化的共同发展。

“畲乡赋”畲族手工面旅游文创产品包装便是根据消费者的个性消费心理所设计，结合了当地常见的竹筒及喜食面条的特点，将两者融合进行创新，将竹筒设计为盛装面条的包装。通过造型的创新、材料的创新和展现方式的创新等多种形式，使旅游文创产品具备民俗文化特色，从而实现了产品的多样化和个性化（图 4-3-17）。

将具备民俗文化元素特征的产品包装和其他具有现代元素特征的产品包装进行比较，以民俗文化元素特征为设计元素的产品包装更具有文化价值，其生动可感的形象更容易使消费者产生情感上的共鸣。如果是远离家乡、在异地打拼的游子看见具有自己家乡地域文化特色的产品包装，会顿时倍感亲切，从而引发其对产品的购买欲望。

如图 4-3-18 所示的“畲乡赋”畲族腌鱼干包装旅游文创产品，选取畲族饮食文化中的腌鱼干，通过提取鱼的外形设计成鱼干包装，在造型上与其他同类产品产生了鲜明的对比，也赋予了畲族旅游文创产品鲜明的性格特征，使土特产包装变得生动有趣，还不失包装原有的功能性，以此拉近了消费者与地域文化之间的距离。

随着我国当前的旅游文创产品包装设计水平的不断提高，产品包装设计也成为文化传承和发扬的新形势和新途径，消费者不再单纯地追求产品包装的样式，而是更加注重旅游文创产品包装的文化属性及精神内涵。因此，旅游文创产品包装不能拘泥于单独的传统民俗文化，应同时紧紧把握产品包装与当代生活之间的联系，赋予传统民俗文化在现代生活中新的含义及新的形势，完成独具地方特色的旅游文创产品包装设计。

综上所述，近些年来随着“互联网 +”模式的出现，这种创新模式也被带到文创产品中。例如，具有埃及法老特征的服饰出现在小黄鸭中，刘易斯出现在西洋棋冰箱贴中。文化不再以传统的方式要求人们去感受，而是以符合现代人生活的方式主动地散播、渗透到人们的日常生活中。为了解决设计中常出现的同质化现象，设计师需要从多方位进行创新，通过造型的创新、材料的创新和展现方式的创新等多种创新方法，使旅游文创产品具备民俗文化特色，从而实现产品的多样化和个性化。旅游文创产品应从水平差异化的角度出发，大胆结合超出人想象的领域创造出令人意想不到的产品，利用差异化设计扩大旅游文创产品所涉及的领域，从创新层面让人感受到文化的存在感与普遍性。

如图 4-3-19 所示的云南风景包装文创产品，采用了云南的各色风景元素来进行搭配设计，包括一些常见的白云、蓝天、彩霞、月亮、树林、荷花等，整体色彩鲜艳、夸张，简洁明了，运用对比色系相互搭配，产生一定的视觉冲击和视觉新鲜感，体现了云南“热情、直爽、多姿多彩”的民族特色。

图 4-3-19　云南风景包装文创产品（图片来源：网络）

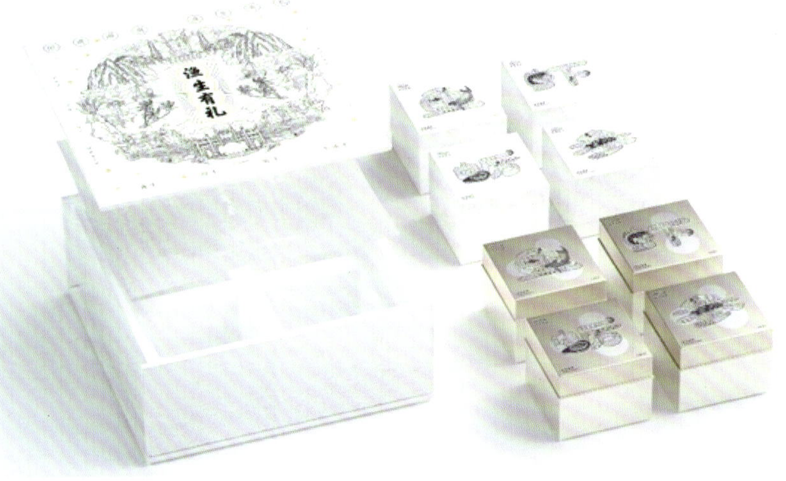

图 4-3-20　“相遇海南，渔生有礼”海南海鲜特产包装文创产品（图片来源：网络）

如图 4-3-20 所示的“相遇海南，渔生有礼”海南海鲜特产包装文创产品，该设计主要服务于海南当地海鲜干货特产，如礼盒包装、环保袋等周边。主视觉画面以海洋、海南当地代表性建筑、渔民捕捞场景等元素进行设计，展现了劳动人民的辛勤智慧，传达了一种天人合一的朴素之道。内包装以鱼、虾、蛎、参为主体，融入椰树、船、海浪等海洋元素，辅以饱满的字体，以几何画的形式表达整体的高调气质。主色调采用蓝色搭配少许黄色，令两种色彩形成对比，素雅中点缀高调，给人以典雅而不失活泼的感觉。设计师从传统出发，融合新潮的品牌理念，打造属于海南自己的海洋特色包装文创产品。

4.4 历史遗址类文化元素在文创产品中的运用

历史遗址类文化元素是指人类对自然环境利用改造后留下的痕迹历史遗

址类文化元素是对于遗址这种具象事物进行抽象提炼，包括对遗址形象的造型、色彩、结构及纹样等进行提炼。

遗址元素的提炼是以审美主体对物体本身美的感受为导向，以尊重原有遗址的形式美感为基础，不转换遗址文化在当时建造所表述的文化含义和风俗意志，不夸大宣扬也不贬低换意。

4.4.1 历史遗址类文化元素在文创产品中的设计原则

历史遗址类文化元素在文创产品中要把握趣味性设计原则。著名作家诺曼所著的《情感化设计》中指出：美的感受、人的乐趣和情绪的愉悦的共同作用能给人带来积极的情绪，产生快乐的感觉，这种感觉可以帮助人们释放内心的压力，刺激人们的求知欲和学习能力。目前，市场上以趣味性为目的的体验产品数不胜数，有时促使消费者产生购买行为的原因是追逐产品的造型有趣、功能好玩，这也体现了人们开始更多地在乎情感上的体验，功能上的体验并不是显得那么重要。文创产品中的趣味设计更多时候是互相完成的，力求带给人们全方位的肢体感受和情感体验。从造型到功能再到人机的互动和文化层面层层递进，将趣味设计推进到一个全新的层面。设计师在进行趣味性设计时，应着重考虑影响趣味性的因素和掌握趣味性的设计方法，注重消费者在使用产品时产生的情感变化及情感需求。

（1）造型趣味设计。旅游文创产品的造型趣味设计就是设计师通过塑造产品生动可感的趣味形象来刺激人们的视觉和触觉感受，同时，能够满足消费者对旅游文创产品趣味性的需求，给消费者带来别具一格的情感体验。每当人们欣赏有视觉冲击力的产品形态时，会产生生理上的快乐，涌现更多趣味和激情。如图4-4-1所示的故宫“小乾隆”盖杯系列文创产品，“小乾隆”通过形象的拟人化造型，将整套壶、杯、印章完美地融为一个整体。其造型憨态可掬又不失时尚，并且自带萌点，几乎能够赢得所有年龄段群体的喜爱。茶杯盖巧妙地运用了乾隆皇帝御用清凉绒缨朝冠元素，整套盖杯将乾隆的形象进行了卡通化的还原。

（2）功能趣味设计。与造型趣味设计相比，旅游文创产品的功能性趣味设计更加生动有趣。产品功能的趣味性设计包括对其功能的人性化设计和创意设计，使消费者在使用产品的过程中能够获得较好的功能体验，从中获得愉快的情感享受，以此来舒缓人们紧绷的情绪，减轻人们精神上的压力。如图4-4-2所示的“拉美西斯”书档文创产品，书档灵感来自中世纪帝国中（1295-1069B.C）埃及的雕塑，它的左胳膊刻着拉美西斯的名字，原文物应该是牧师的卜塔，现场根据文物的造型卢浮宫把它设计成书档，既有历史感又兼备实用功能。

如图4-4-3所示的“小雁荐福”丝巾文创产品，设计师在此款丝巾

图4-4-1　故宫“小乾隆”盖杯系列文创产品（图片来源：故宫博物院）

图4-4-2　“拉美西斯”书档文创产品（图片来源：网络）

图4-4-3　“小雁荐福”丝巾文创产品（图片来源：网络）

的图案中借用了建筑美学中的轴测视角来表达塔身及寺院的结构布局，将西安小雁塔及其重檐密阁、爽秀的美感效果表现无余，将与之融合一体的中国园林样式刻画得细致入微，屋脊、砖纹、树木、石水道景等都在实际园林造型的基础上进行了更加符合丝巾佩戴效果的再设计。在配色方面则将传统元素融入现代感的配色和形式处理，整体配色葱郁生动，气质幽静深远。

如图 4-4-4 所示的四川三星堆茶具文创产品，设计师创造性地将三星堆古董文化与四川茶文化相结合，打造出一套文创盖碗茶杯。产品主体采用六边形造型，线条契合三星堆青铜面具的古拙之美，材质上采用了陶瓷与铜材质相结合，精美大方。在产品功能上可以通过旋转杯盖角度来调整茶杯的散热缝隙，令消费者在使用时更有趣味性。

图 4-4-4　四川三星堆茶具文创产品（图片来源：网络）

4.4.2　历史遗址类文化元素在生活用品文创中的精神传承

设计一款具有历史遗址元素和文化创新的创意产品，其最大的意义就在于让传统神秘的文化融入日常使用的文创产品中，让每一位使用者在使用该产品时，能用一种更加轻松、有趣的方式去解读历史文化，以此传达积极向上的生活态度，从而达到传播文化的作用，同时，也扩大了历史遗迹的知名度。

图 4-4-5　“天坛 2020 祈年历”文创产品（图片来源：网络）

如图 4-4-5 所示的“天坛 2020 祈年历”文创产品，以中国二十四节气为主要元素，与天坛的祭天建筑、树木、花草等插画融合在一起，使其不仅是日历，还将一套完整的节气系统融入其中，将艺术与功能完美融合，并且具有很高的艺术性和装饰性，集天坛建筑美学与人类非遗文化“二十四节气”、礼乐文化、祈福文化等传统元素为一体，是迎接天坛 600 周年的首款文创产品。

如图 4-4-6 所示的大雁塔壁灯文创产品，设计师以西安的大雁塔建筑、皮影艺术及瓷器艺术为设计元素，以光的形式对大雁塔形象突出表现，具有创新性的视觉效果，更加突出西安文化特色。设计师将艺术与文化相结合，令消费者既能了解大雁塔文化又能陶冶情操。

如图 4-4-7 所示的海南临高角灯塔“留灯”文创产品，其灵感来源于海南临高县的历史文化遗迹中的临高角灯塔，就如灯塔一样，想将每一盏明灯留在每一个人的心中。该产品外观运用了红、白两种主色调。造型采用红白相间横圆柱形制塔身，并有 6 根斜柱支撑，支杆之间相互连接，可挂耳钉等一些小东西。产品整体采用牢固稳定的材质。表面采用高温静电烤漆工艺，平光处理，细腻有质感。灯塔的顶

图 4-4-6　大雁塔壁灯文创产品（图片来源：网络）

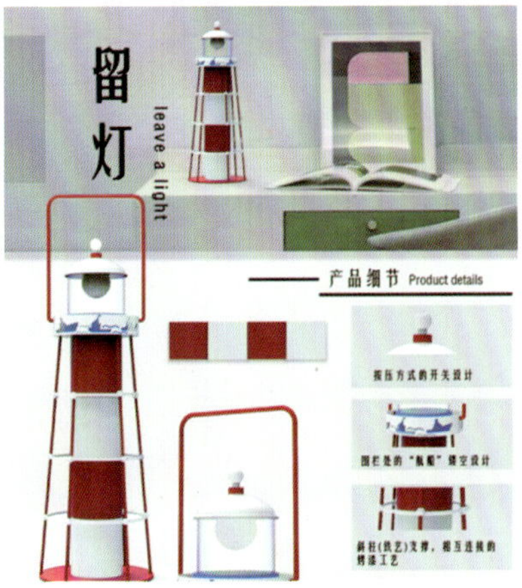

图 4-4-7　海南临高角灯塔“留灯”文创产品（图片来源：网络）

为按钮，采用按压方式来实现照明的开关，并通过连续按动，来调节亮度的高低。临高角灯塔作为琼州海峡西口重要的助航标志，所以，在灯塔的围栏处做了航船的镂空设计，并采用了海洋的蓝色作为映射，希望人们在使用的过程中，除了能观赏到临高角灯塔的外观，更能明白它存在的历史意义。产品的上部分做了提手的设计，带有一丝古味，并增加了趣味性，并且产品的上下部分可分离，可以利用提手将灯进行上下摆放。总体设计兼具艺术性与功能性，满足了不同消费者的需求。

4.4.3 历史遗址类文化元素在创意礼品文创中的审美再现

如图 4-4-8 所示的刘易斯西洋棋元素扑克牌文创产品，扑克牌是文创产品最好的载体之一，扑克牌正面采用国王俏皮摸脸的图案，背面以罗塞塔石碑上的碑文为花纹，大英博物馆的设计师们通过轻松有趣的设计方式使原本造型单调的扑克牌变得生动有趣，使人们在玩的过程中加深了对罗塞塔文化的印象；由此可见，有趣的造型设计对于历史文化的宣传起着至关重要的作用。

如图 4-4-9 所示的三星堆青鸟古灯文创产品，设计元素来自三星堆青铜器文物中的神鸟造型，整体造型庄重具有美感。设计以卧室灯为载体，神鸟的造型部分为泥塑所做，材质坚实稳固。色彩依旧沿用其自身颜色，与灯具相结合寓意着文物在传承的过程中依旧闪闪发光。

如图 4-4-10 所示的三星堆青铜神树调味罐文创产品，设计师以“三味”作为设计主题。“三味”即布衣暖、菜根香、诗书滋味长。“人生三味”调味品盒通过提取三星堆青铜神树的造型元素设计而成，设计突破传统调味盒的陈列方式，而是通过竖着成列，不仅节省了空间，使用起来也更加符合中国人的饮食习惯。“人生三味”调味品盒，不仅是很好的文创产品，也具有很高的实用价值。

图 4-4-8　刘易斯西洋棋元素扑克牌文创产品（图片来源：网络）

图 4-4-9　三星堆青鸟古灯文创产品（图片来源：网络）

图 4-4-10　三星堆青铜神树调味罐文创产品（图片来源：网络）

4.4.4　历史遗址类文化元素在土特产品文创中的记忆延续

传播遗址文化的另一有效手段是将遗址元素应用于产品之上。人们可以通过对遗址的探索发现，了解、接触人类文化的生活进程，也可以对遗址元素进行数码化的提取和凝练，进行二次设计，使古今对话成为现实。遗址文化所带来的美的感受是经久不衰的，其不仅是历史进程的真实写照，更代表了人们对于美的追求。

如图 4-4-11 所示的绳金塔包装文创产品，包装主题为“畅游美景，畅享生活”，整体造型结合了山水元素，以南昌赣江两岸的建筑作为插画背景，以插画的形式展现南昌古建筑的原始风貌，将古代建筑与现代建筑通过统一色调的方式结合起来，使产品生动有趣，增强了视觉冲击力与趣味性。在功能上，还包括茶杯、便签等办公用品，相比传统的单一形式的包装更能吸引人们的关注，以充满趣味性的方式转化了当地的文化内涵。

随着人类物质文明的发展，游客消费观念的巨大变化使趣味性的旅游文创产品成了现代旅游的重要附加产品。本章以趣味性设计为切入点，着重分析了旅游文创产品的形态特征和多种功能，通过诸多旅游文创产品的实例论证了纪念品的趣味性的设计途径和设计方法，为旅游文创产品的趣味性设计提供了新颖的设计视角，为游客带来更多的旅游乐趣。

综上所述，一切设计的核心是以人为本，其是建立在广泛的互动设计、情感设计等基础之上的。整体来讲，生活用品的设计应从旅游文创产品的造型特点出发，注重从理论基础到内在含义设计的法则，以及旅游文创产品的功能性和情感性给受众带来的趣味体验。其中，旅游文创产品趣味设计的核心是坚持以人为本的准则，以交互与体验的人性化设计为基础，进一步关注旅游文创产品的受众情感心理层面的需求。旅游文创产品设计不是简单的贴图设计，而是在设计过程中融入故事性情节，以此增加消费者在使用旅游文创产品过程中的情感体验，让消费者与文创产品产生心灵的共鸣，还是文创产品设计中较为常用的设计方法之一。要讲好产品设计中的故事，需要发现产品中的笑点、萌点、科技点等，通过一定的“梗”与消费者进行互动沟通。在旅游文创产品中，生活用品也只是其中研究的一个载体，通过其研究理论对实践设计起到行之有效的指导作用。产品设计之父雷蒙德·罗维曾经说过：“我寻求一种强烈的视觉震撼力，令人即便是短短一瞥，也能留下深刻的印象，但是我更关心它们在人们心中的感受。”

图 4-4-11　绳金塔包装文创产品（图片来源：涂勇自绘）

本章小结

本章主要对地域文化元素在旅游文创产品中的运用及设计原则进行了详尽的描述，主要从旅游文创产品的设计原则进行分析，详细讲解其设计来源和设计方法。将地域文化元素分为山水风貌类元素、人文景观类元素、地方风俗类元素、历史遗址类元素，提取主要元素进行旅游文创产品设计。探究地域文化元素与旅游文创产品之间的关系，总结设计思维。

本章作业

1. 对本章内容进行归纳总结。

2. 针对本章内容挖掘家乡特色元素进行旅游文创产品设计。

第 5 章 旅游文创产品的设计要点

旅游文创产品设计要点主要从三个方面出发，首先是基于用户心理需求的旅游文创产品分析，旅游文创产品蕴含的情感因素是带给消费者的重要旅游体验之一，购买旅游文创产品也是基于用户的心理需求，将旅行时的记忆用“物化”的方式保存下来。旅游文创产品重要的价值之一就是它的经济价值，旅游文创产品的消费伴随着旅游行为而进行，同时也受到旅游地域、消费群众不同的影响，从用户心理需求分析的角度来说，消费者的年龄、教育程度、性别、行为习惯等因素都会影响到旅游文创产品的设计需求，所以在本章内容中，从旅游文创产品用户心理的三个不同层次需求进行分析，结合分析要点研究旅游文创产品设计时如何提升用户认同及满足用户体验感。其次是对于旅游文创产品 IP 的塑造，塑造 IP 热点进行文创产品设计，能满足当代消费者对旅游文创产品的时代需求，也能够帮助旅游文创产品打开互联网市场，本章内容从文化 IP 的角度阐述在旅游文创产品中文化如何产品化及产品如何系统化的问题。最后，是对旅游文创产品的品牌塑造，针对旅游文创产品的设计要点，提高品牌意识，建立品牌视觉识别系统，是对旅游文创产品价值的肯定与保护，同时实施品牌战略，为旅游文创产品的发展打下坚实的基础。综上所述，在了解消费者对旅游文创产品的需求的前提下进行旅游文创产品的 IP 设计、品牌精准定位，就能够开发出符合时代审美的旅游文创产品（图 5-1-1）。

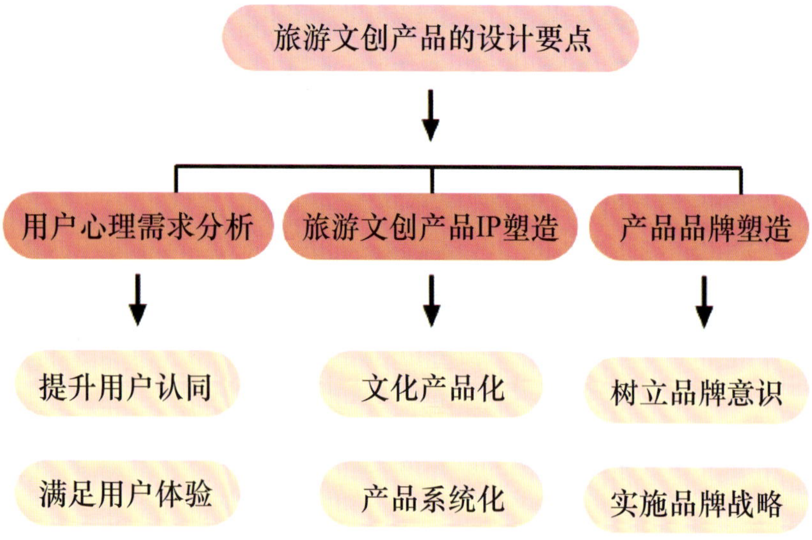

图 5-1-1 旅游文创产品的设计要点（图片来源：作者绘制）

5.1 旅游文创产品用户心理需求分析

在旅游文创产品的设计过程中，人是设计主体要面对的核心对象，产品的所有设计都是基于人产生的，用户心理分析是将用户的认知感受作为设计的主要指导原则，也是旅游文创产品设计的关键步骤。随着现代社会的不断发展和经济的不断进步，人们对物质消费的要求不仅停留在使用功能上，而是更加注重个人对产品的体验及情感上的共鸣，这种追求个性化、差异化的心理要求设计师在进行旅游文创产品设计时要更加注重用户在面对产品时的心理状态，从用户心理出发，分析用户的所想所需，才能够设计出真正满足用户心理的旅游文创产品。

根据国家统计局分析，消费者对旅游文创产品的需求在日益增长，这说明设计师在设计旅游文创产品时要针对消费者的心理状况，跟进时代的脚步，全方位满足消费者的需求（图 5-1-2）。

	绝对额（亿元）	比上年同期增长（%）	所占比重（%）
总计	40552	7.9	100.0
按行业类别分			
新闻信息服务	2997	25.1	7.4
内容创作生产	9860	9.8	24.3
创意设计服务	5424	12.4	13.4
文化传播渠道	5229	8.2	12.9
文化投资运营	198	10.2	0.5
文化娱乐休闲服务	682	4.2	1.7
文化辅助生产和中介服务	6463	2.0	15.9
文化装备生产	2586	5.3	6.4
文化消费终端生产	7112	7.0	17.5
按产业类型分			
文化制造业	17012	4.4	42.0
文化批发和零售业	6934	5.5	17.1
文化服务业	16606	13.0	40.9

图 5-1-2　2019 年全国文化以及相关产业数据分析（图片来源：国家统计局）

用户心理需求分析是指通过调研或资料收集分析用户在使用旅游文创产品时的偏好或是使用过程中的直观感受，也就是针对情感方面进行用户分析。最早提出用户心理需求分析的设计师是美国学者唐纳德·诺曼（Donald Norman），他在其著作《情感化设计》中提出，设计不仅是为了制造出供人们使用的产品，更应该满足人们心理情感上的需求，按照诺曼提出的人们对接收到的外界信息进行加工吸收的三个层次分别是本能层次、行为层次及反思层次。从这三个层次对用户心理需求进行分析，能够在设计旅游文创产品时挖掘出用户与产品之间更加紧密的联系。

（1）用户本能层次心理分析。本能层次是人的感官维度中最本能的反应及人们对事物的第一印象，从物体的外观、颜色、气味等方面体现出来。在进行用户本能层次心理分析时，应收集不同受众群对于旅游文创产品的外形、图案、色彩及字体设计等方面的偏好进行调研，通过美的外形吸引消费者、舒适的色彩引起消费者心理上的安全感，给消费者留下好的第一印象，放下对陌生事物的警惕性，使消费者在本能层次上更容易接受旅游文创产品的设计。

（2）用户行为层次心理分析。行为层次是人的感官维度中对事物的功能与结构的反映。其主要体现在旅游文创产品的使用功能、便利程度和交互体验中，即消费者在使用旅游文创产品时的便利性及心理上的愉悦感。在进行行为层次分析时，应注重区分受众群不同的心理需求，适用于儿童的旅游文创产品可以增加趣味性，加强产品与儿童之间的互动感，例如，将旅游文创产品设计为儿童填色绘本，或是需要动手组装完成的小玩具，以此来增加互动，满足旅游文创产品基本功能的同时带动用户在行为层次情感方面对旅游文创产品的认同感。

（3）用户反思层次心理分析。反思层次是人的感官维度中经由大脑思考反映出来的精神感受。该层次由人文关怀的思维出发，在进行用户分析时，应当注重用户的性别、文化程度及环境的影响，注重不同的用户在反思层面呈现的消费需求的差异化。例如，在设计旅游文创产品时柔和的线条感适用于大部分女性用户，冷静的配色适用于大部分男性用户，儿童作为旅游文创产品的重要受众群，在用户反思层面尤其需要考虑到安全问题。据统计可知，公共场所及设施物品对儿童带来的伤害在所有伤害来源中位列第五，足以说明安全性在旅游文创产品中的重要性。在材质的选取上，柔软、没有棱角的材质更加适合儿童用户的反思层次心理需求（图 5-1-3）。

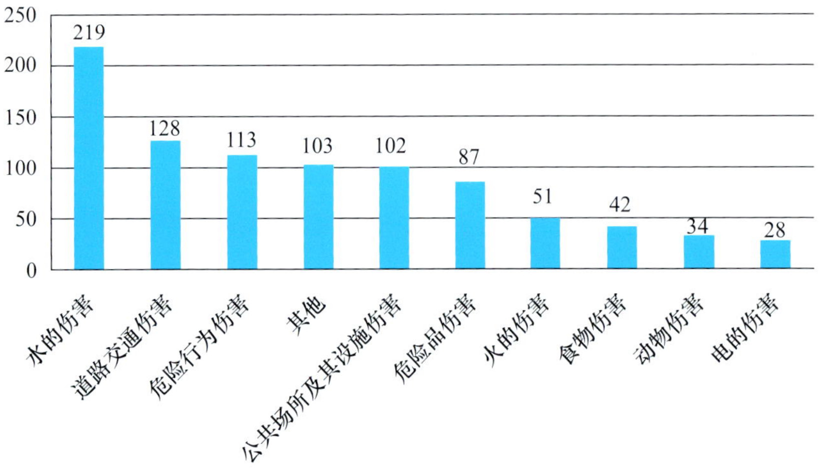

图 5-1-3　儿童伤害来源分析（图片来源：作者绘制）

综上所述，在进行用户心理分析时，要综合以上三个层面的心理需求来进行调研，其间可以相互交叉，也可以同时在不同层次上起到作用，例如，色彩及材料的选取可以同时满足本能层次和反思层次的需求，又可以通过旅游文创产品本身的实用性满足行为层次方面的使用感受。对用户心理进行细致的分析后，在设计时注重使用者的感受。产品的个性化、情感化及差异化，旅游文创产品将体现出多样化和满足不同受众群消费心理的特质。

5.1.1　提升用户认同感

通过用户心理的本能层次、行为层次和反思层次分析后，要在旅游文创产品设计上得出反馈，结合分析调研的结果组成设计框架，运用在旅游文创产品的设计中。需从旅游文创产品出发，并结合提升用户认同感的要点响应用户行为。其中提升认同感的要点如下。

（1）提升不同层次受众群的认同。不同的目标用户对产品的认同感存在不同的要求，基于消费者不同的文化环境及生活习惯，对于旅游文创产品的原生文化的理解也不同，这些因素要求设计师避免在设计上千篇一律、照搬照抄，应针对用户心理分析得出的结论合理选取适用于大部分受众群的设计元素，通过通俗易懂、喜闻乐见的方式与现代设计相结合，从而提升不同层次受众群对旅游文创产品的认同。

（2）提升对产品的认同，即产品的丰富化。近年来，由于文化创意产业的不断发展，旅游文创产品市场的不断开发，为满足市场需求，大批量生产的旅游文创产品出现在各个旅游景点里供消费者选购，此类现象造成了旅游文创产品相似度高、产品种类单一的局面，盲目跟风的同质化产品逐一出现；长此以往，消费者会对旅游文创产品产生审美疲劳，从而无法对原生文化产生认同感，影响旅游文创产品的发展，因此，若要避免此类情况出现，就需要针对消费者用户心理需求开发多品种、多功能、多样化的旅游文创产品。

（3）提升对设计的认同，即提升设计的独特性。提升用户对旅游文创产品设计的认同不仅要从产品的多样化方面着手，也要以设计创新为出发点拓宽旅游文创产品的设计思路，避免消费者对当地的地域特征产生认知模糊，这就需要设计师加深对旅游文创产品原生文化的了解程度，深入研究地域原生文化的历史背景及发展历程，浓缩其精神内涵，提炼具有代表性的元素形成设计符号，再将其运用在旅游文创产品中，由此既可以避免设计上的同质化，也能够提升消费者对当地旅游文创产品设计的认同感。

5.1.2　满足用户体验感

分析旅游文创产品用户心理需求的顶层要素即满足用户各方面的体验感，通过满足消费者的各个感官体验来完善旅游文创产品设计的内容，能够让用户在购买和使用产品时更加安心和满足。由于每个用户对感官体验的要求不同，所以在满足用户体验感方面需要从产品方面着手，将分析重点放在产品是否美观、是否与用户的感官体验方面匹配上。其中用户体验主要从用户的视觉、嗅觉、互动体验及情感体验着手，如“寻风来”杭州文化品牌形象设计公司为杭州旅游设计的“杭州味道”系列手工皂文创产品，该设计结合了视觉及嗅觉上的双重体验，将西湖美景融入旅游文创设计的外形，并将代表杭州味道的蜡烛香薰融入产品本身，为消费者打造视觉与嗅觉上的双重体验，在心理层面上也能够引发消费者对杭州当地美景的浮想联翩，相对于市面上单一体验感的旅游文创产品来说，满足用户的多重体验感是满足用户需求的最好路径。

5.2 旅游文创产品的IP塑造

旅游文创产品是文化创意产品与旅游业结合的产物，是艺术衍生品的重要分支，IP 的英文全称为“Intellectual Property”，即知识产权的缩写，是在传统的知识产权体系中权利人对其创作的智力劳动成果所享有的财产权利。在进行旅游文创产品 IP 塑造时，首先要对当代社会中 IP 的含义进行解读。近年来，我国的多种行业都爆发了 IP 热，各行各业通过与 IP 结合进行品牌塑造都收获了巨大的经济效益。随着当今时代的发展，各类新型产业不断涌现，行业之间早已不再是孤立发展，而是彼此相互渗透、相互结合、相互合作，构建出一个交互设计广泛的时代。当代 IP 在此环境下，其概念已不再局限于字面上知识产权的范围，它拥有着更加丰富的含义，例如，在电影、漫画、书籍、企业文化和商业品牌中都可以形成文化 IP，通过 IP 形象的塑造对原文化进行反哺，二者之间可形成相互支撑、相互融合的文化生态链条，使文化的价值最终通过 IP 的塑造得以放大和传播。随着互联网行业的兴起，IP 的涵盖范围日益扩大，在人们生活中的曝光率也不断提高，如何通过 IP 塑造将文化与消费者建立联系，使其拥有更加鲜活的生命力、获得观众量和提升知名度，是人们面临的一大机遇与挑战。

IP 塑造的方式多种多样，许多文化公司及商业品牌都选择量身打造适合自己品牌形象的文化 IP 来进行品牌宣传，这既能树立良好的品牌形象也能够实现产品的多样化、系统化，增加产品开发的延展性，从而实现文化变现。例如，腾讯企鹅、米其林轮胎、MM 巧克力等品牌都选择采用具有趣味性的卡通形象代表企业文化，令消费者耳目一新的同时树立了具有识别性的企业形象，令人看到品牌 IP 形象就能够联想到企业属性（图 5-2-1）。

如图 5-2-2 所示的是对新余地域文化元素中民间风俗文化元素“仙女下凡”民间传说的 IP 形象转化。“仙女下凡”作为脍炙人口的民间传说，其形象被转化为众多影视作品 IP，新余作为其民间传说的发源地，要利用文创产品扩大文化影响力并吸引更多的游客对当地的文化及环境产生向往，就要利用民间传说的传播性设计仙女 IP 形象，打造出新余形象吉祥物。设计过程中用艺术化的手法将仙女的形象可视化，将仙女设计为具有亲和力的小女孩形象，采用仙女湖的湖岛色彩融入 IP 形象设计中；为了增强旅游文创产品的地域特性，可以将当地的地域元素与 IP 形象进行融合，例如，新余的非物质文化遗产“新余夏布”地域文化元素，将夏布的制作过程与仙女形象 IP 相结合，设计具有动态感的系列 IP 卡通形象。

如图 5-2-2 所示的新余地域文化元素“仙女下凡”系列 IP 形象设计，其中融入了新余非物质文化遗产“新余夏布”的工艺元素，将仙女的形象设计为制作夏布的过程，选取夏布制作过程中具有代表性的采摘苎麻、挽麻团、牵线、刷浆、晒布等过程，将动态的夏布制作过程与仙女相结合，既生动了仙女 IP 形象又传承了新余夏布的制作工艺。

图 5-2-1　新余地域文化元素“仙女下凡”IP 形象设计
（图片来源：黄诗琪）

图 5-2-2　新余地域文化元素“仙女下凡”系列 IP 形象设计
（图片来源：黄诗琪）

如图 5-2-3 所示的安徽省地方传统戏剧 IP 形象，安徽省地方传统戏剧庐剧，原名倒七戏，是安徽省旅游文化中独具地域特色的文化元素，将其形象转化为平面化的卡通造型，提取倒七戏特有的服饰色彩，增强其 IP 辨识度，向消费者传达地域文化特性，提高品牌认知度的同时也体现了鲜明的地域特色与文化内涵。

如图 5-2-4 所示的 MM 豆是风靡全球的巧克力零食品牌形象，这些与品牌自身相结合的 IP 形象能够丰富品牌寓意，也能为原生文化的发展带来更多的可能性，由此可见 IP 形象的塑造对于品牌乃至文化的宣传有多么重要。

IP 形象塑造及活化可以唤醒人们对陌生文化的兴趣，当下越来越多的文化创意产业创造者都在通过这种方式使原生文化更加“个性”与“活跃”，在旅游文创产品设计中也是如此，具有地域文化元素的文创产品衍生品也是 IP 塑造的热门话题，例如，我国的故宫博物院对“乾隆帝”进行的文化 IP 设计及日本的熊本县旅游文创 IP 设计。

如图 5-2-5 所示，故宫蕴含着丰富的传统文化与旅游资源，历史的沉淀使故宫文化沉稳大气，却也缺失了活泼亲民的特质，为使消费者在故宫旅游时感受到亲切之意，故宫文创设计团队以“乾隆帝”为形象进行故宫旅游文创产品 IP 设计，故宫文化 IP 的形象塑造以故宫历史文化为原生文化进行，运用现代人的生活方式与古代皇帝的形象相结合，将庄严肃穆的皇帝形象变得生活化，拉近了消费者与故宫文化之间的距离，让深沉的历史文化不再冷冰冰，以充满人情味的方式转化了文化的内涵。

如图 5-2-6 所示，日本熊本县的旅游文化形象 IP 熊本熊是典型的旅游文创产品 IP 塑造成功案例，熊本熊的诞生带动了整个熊本县旅游经济的发展，熊本熊的诞生及它日常的动态发布为熊本县吸引了大批的游客，并且衍生出大量的文化创意产品，借助其 IP 的时代特征带动了文创旅游产品产业链的发展。熊本熊的形象是根据当地旅游文化特色来设计的，其黑红白的标准色也是选择了当地带有地域性的色彩，其宣传方式借助了新媒体与观众之间的交互性并取得了巨大的成功。

我国不同地域的独特文化及经济发展带动的旅游业的兴起，都为旅游文创产品行业带来了源源不断的新鲜活力。在旅游文创产品塑造时，一些极具潜力的地域文化 IP 能够激发出更多的设计活力，也足以说明，基于这些优质文化的丰富资源，通过文创与 IP 塑造融合，才能突出旅游文创产品的品牌效应与市场影响力。

图 5-2-3　安徽省地方传统戏剧 IP 形象（图片来源：邱语）

图 5-2-4　MM 豆 IP 形象（图片来源：网络）

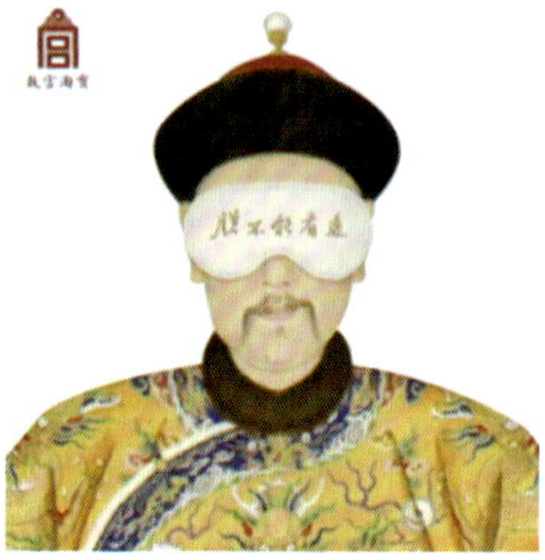

图 5-2-5　故宫“乾隆帝”IP 形象（图片来源：网络）

图 5-2-6　日本熊本熊 IP 形象文创产品（图片来源：网络）

从各类案例中可以得知，在塑造旅游文创产品 IP 时，在设计内容上应当选取带有趣味性地域识别性的内容来进行创作改造，选取的文化内容应当能够适用于各类文创产品，丰富当地旅游文创产品的品种类别。旅游文创产品设计 IP 塑造应当遵循以下三点。

（1）在设计对象上选取高辨识度的内容。旅游文创产品创作必须在原生文化的基础上进行原创设计，创作的载体也是富有多样性的文创产品，这就要求 IP 设计对象需要具有高辨识度，能够使消费者轻松读取到旅游文创产品 IP 想要传达的信息。高辨识度的 IP 往往具有与众不同的外形和代表性的特质，在选取创作对象时，要对原生文化的精髓进行挖掘筛选，例如，南昌旅游文创品牌“滕阁秋风”的 LOGO 设计。

如图 5-2-7 所示的“滕阁秋风”是江西省旅游文创品牌的代表，其品牌设计主要围绕江西省丰厚的人文旅游资源进行，在 LOGO 设计中选用了江西南昌具有地域代表性的滕王阁的外形，将其结构来作为 IP 塑造的对象。滕王阁是我国著名的古建筑，也是我国古代文人墨客的经典创作素材，蕴含了大量的文化内涵及人文旅游资源，选取滕王阁作为 IP 形象能够被受众群一眼识别。

（2）在设计外形上赋予个性鲜明的特征。在进行旅游文创产品 IP 塑造时，好玩有趣、个性鲜明的外表更容易拉近与消费者之间的距离，高价值的文化 IP 往往都具有可爱轻松的“皮相”，例如，“畲乡赋”畲族旅游文创品牌中对畲族人物形象的设计。

如图 5-2-8 所示的“畲乡赋”畲族旅游文创品牌 IP 塑造，选取畲族人物形象和特色服饰，结合现下流行的表情及网络用语设计成系列表情包。该作品是传统与现代的结合、设计与文化的交融，不仅产生了鲜明的对比，也赋予了旅游文创产品鲜明的性格特征，使 IP 形象变得有情有义，拉近了消费者与地域文化之间的距离。

（3）在价值理念上选择有态度的价值观。塑造一个成功 IP 形象其价值观的定位是很重要的，IP 的自我价值如果不够积极，会使整个品牌形象不够丰满，传达出来的情感不够浓厚。人们衡量一个 IP 是否能够被成功塑造，大众的认同感是重要因素，具有正面的影响力是获得大众认同的关键。在塑造旅游文创产品 IP 形象时，要赋予其文化的内在价值，例如，“金火燎原”瑞金乡村旅游文创产品设计中对其 IP 所蕴含的精神进行了转化。

如图 5-2-9 所示，“金火燎原”瑞金乡村旅游文创设计是针对红色革命老区瑞金的旅游文化进行开发塑造的，瑞金作为我国红色革命精神的发源地，蕴含了大量的精神内涵，如革命先烈们不忘初心、砥砺前行的精神，将这些精神文明与文创产品相结合，有利于 IP 塑造时与消费者之间产生情感上的共鸣，并有利于推广中国红色革命精神的伦理内涵。

综上所述，借助 IP 塑造来进行旅游文创产品设计是当代旅游文创产品市场面临的一大机遇，只有处理好旅游文化与 IP 塑造之间的关系，通过 IP 的传播对旅游文创产品进行解读，让设计师认识到地域性文化的可发展性和创新性，让消费者感受到旅游文创产品的亲和力与趣味性，以更加贴近消费者心理的方式传播优秀的地域性文化，才能带动旅游经济的发展，从而传播我国的优秀文化。

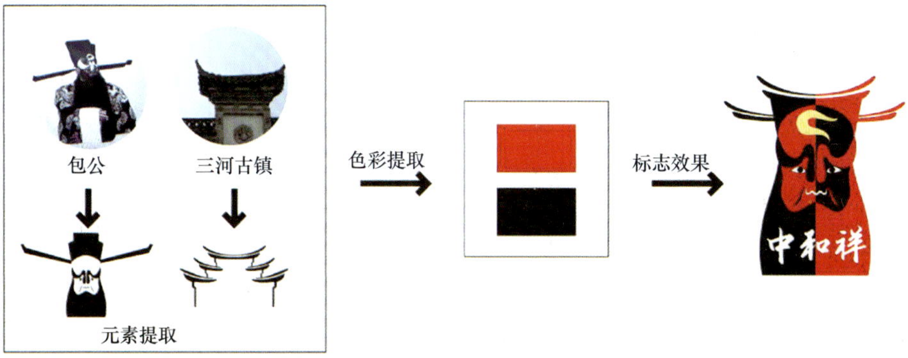

图 5-2-7　江西旅游文创品牌滕阁秋风 LOGO（图片来源：网络）

图 5-2-8　“畲乡赋”畲族旅游文创品牌人物设计（图片来源：作者绘制）

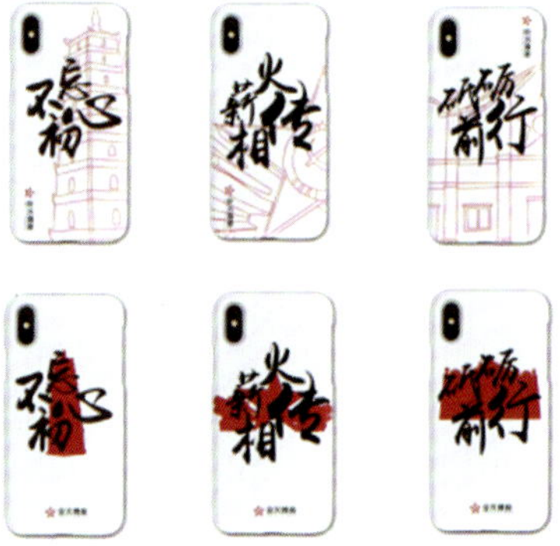

图 5-2-9 “金火燎原”瑞金乡村旅游文创产品（图片来源：作者绘制）

发掘旅游地域文化

↓

创新旅游文创产品设计

↓

互联网推广及运营

↓

文化融入生活

图 5-2-10 文化产品化流程（图片来源：作者绘制）

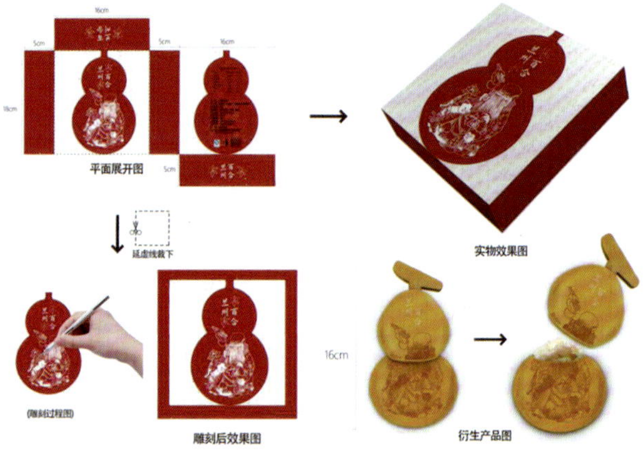

图 5-2-11 兰州地域特产百合包装元素提取及产品展示图（图片来源：王明哲）

图 5-2-12 “金火燎原”瑞金乡村旅游文创产品元素提取（图片来源：作者绘制）

5.2.1 实现文化产品化

近年来，由于经济的发展导致社会节奏越来越快，人们在紧张生活的同时渴望寻求更多精神上的慰藉，尤其是通过旅行来放松身心。也有越来越多的年轻设计师对传统文化的再创新进行研究，旅游文创产品设计本质上就是将地域文化进行文化变现，将传统文化结合现代设计的手法通过文创产品进行转化，以此来实现文化的产品化，让记忆中已经脱离现代生活环境和使用场景的地域文化重新鲜活起来，使它们再次与现代生活接轨。

在选取地域文化进行产品化设计时，首先要精准定位出具有地域特征的元素，如当地的特产和具有传统文化内涵的手工技艺，要使这些质朴、传统的文化再次焕发出新的活力，就要将其与现代产品相结合，即要注重图 5-2-10 所示的流程。

在创新旅游文创产品的过程中，将旅游文创产品的包装产品化也是重要的关键点。使旅游文创包装做到既可以使用也实用，才能够达到旅游文创产品全方位产品化的状态，例如，兰州地域特产百合包装的设计。

如图 5-2-11 所示，将兰州地域民间风俗文化元素刻葫芦与兰州特产百合包装相结合，增加环保理念的同时将普通的文创产品包装进行了产品化处理。

5.2.2 旅游文创产品系统化

旅游文创产品的衍生品要脱离单一出现的局面才能够使消费者感受到文化的完整性，体会到其中蕴含的精神内容，这就要求在进行文创产品设计时将文化元素按照不同地域文化的类别进行提取，并将文创产品以系列的方式呈现在消费者眼前，例如，“金火燎原”瑞金乡村旅游文创产品设计中对瑞金红色革命元素的提取及文创设计。

如图 5-2-12 所示，为了将瑞金红色旅游文创产品设计系列化，在元素提取上要选取具有代表性和统一感的文化元素，“金火燎原”特产包装系列首先提取了瑞金当地的红色建筑作为主要图案元素，再将当地富有地域文化特色的舞龙舞狮元素进行转化作为辅助图案，设计出瑞金土特产系列包装（图 5-2-13）。

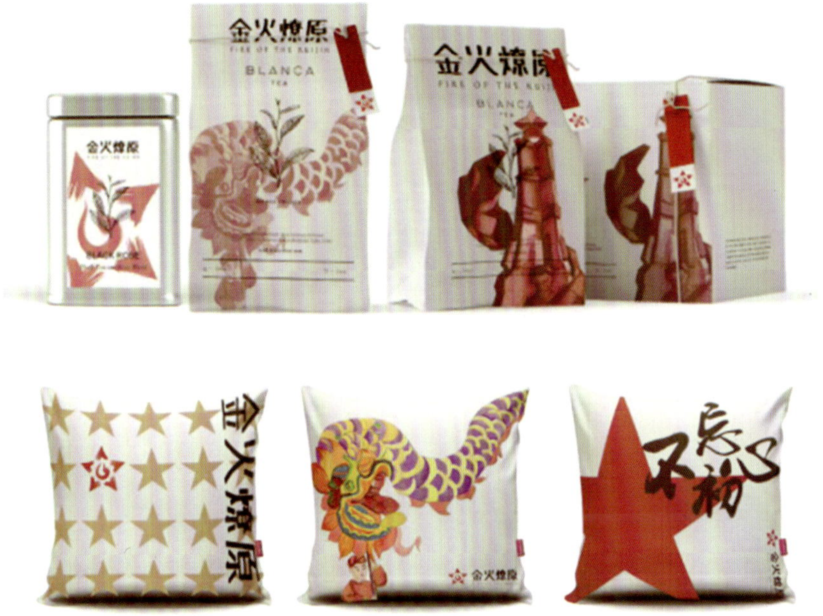

图 5-2-13　“金火燎原”瑞金乡村旅游文创产品（图片来源：作者绘制）

5.3 旅游文创产品的品牌塑造

从字面意义上来说，“品牌是一个名称、标识、符号、设计或是所有的组合，用来区分不同的产品或服务”。这是美国市场协会对品牌的定义，但是在现代设计中品牌不仅只是名称或符号，它还包含着许多文化因素，同时，也是消费者对产品情感寄托与感官偏好的综合体现，一个品牌的塑造需要整体统一的元素设计与一系列的品牌规划，以及以文化为核心的相关衍生品的研发，基于这些因素，对旅游文创产品进行品牌塑造是保护文化、增加旅游文创产品辨识度的最好方式。

图 5-3-1　POP MART 文创品牌形象
（图片来源：POP MART 官网）

如图 5-3-1 所示，POP MART 是近年火爆的文创品牌泡泡玛特的英文名称，泡泡玛特作为新兴的文创品牌，与传统品牌相比，它的价值核心是其产品所注入的创意与文化内涵，并且作为文创品牌，泡泡玛特除文创衍生品外，还涉及许多商业模式，是现代文创品牌的成功范例之一。

如图 5-3-2 所示为诺仕达集团的品牌 LOGO。诺仕达集团是以旅游文化产业为主的文化创意品牌，其旗下有“七彩云南”“南亚风情园”等著名旅游文创品牌。诺仕达集团品牌还设置文创空间在大型商场与人口密集的商业街中，是文创品牌中良好的品牌塑造的范例，也给予了旅游文创产品走出景区，令品牌成为另一种旅游目的地的机会。

图 5-3-2　诺仕达集团文创品牌形象
（图片来源：POP MART 官网）

文创品牌是文化创意产业中的一个基本单位，旅游文创品牌的塑造也是重要的环节之一，其中地域文化是产品研发的重点，需要设计者以地方特色物质文化与非物质文化为依据，使品牌具有地方文化精神内涵与当地地域文化元素特征。对旅游文创产品进行品牌塑造可以为地域文化文创产品带来更强的竞争力，同时，塑造旅游文创产品品牌也可以使产品的设计研发有更加整体的规划，通过品牌定位及推广能够精准锁定设计受众群体，对受众群体的调研也能够使品牌设计方了解到产品的购买需求，跟进市场情况，顺应市场的产品规划。一个良好的旅游文创品牌，通过对文化内核的不断深入，能够将地域文化特征完整地弘扬出去，能够吸引更多的消费者对文化产生认同感，从而对当地经济产生良好的影响。

5.3.1 树立旅游文创品牌意识

（1）统一品牌视觉符号。旅游文创产品作为旅游所在地物质文化与非物质文化的内涵的体现，凝结的是当地人民数千百年来的智慧与心血，而建立品牌、树立品牌意识就是保留这些文化精髓的最好方式。旅游文创品牌作为一个文化符号，应当是能够将视觉符号与文化符号统一留存在消费者脑海中的，而统一的视觉符号就是消费者进行记忆联想的线索，能使消费者在当下眼花缭乱的旅游文创产品类目中选中特定的产品。

如图 5-3-3 所示的赣傩面具系列将傩面具作为赣区旅游文创品牌的统一视觉元素进行提取，亮点是复刻赣傩面具形象并结合流行的用语含义，参照现代表情包模式的视觉形象对主要颜色和纹样进行全新并充满趣味的转译，其中视觉元素的提取采用了竹青色、肉粉色及月蓝色作为色彩搭配。

如图 5-3-4 所示，在视觉形象的提取中选择具有代表性的傩纹样，并采用纹样优化的形式对原本的纹样进行对称、重复、旋转等艺术手法的处理，设计出具有张力的视觉纹样，再与旅游文创产品相结合。

如图 5-3-5 所示，以统一风格的视觉符号融入赣傩旅游文创产品扑克牌系列中，以傩文化的面具形象及富有层次感的纹样营造出具有趣味性且轻松愉快的扑克氛围，达到对品牌视觉元素物尽其用的目的，统一的傩面具形象作为赣傩旅游文创品牌的视觉符号能够使消费者在看到产品时对傩文化进行对应的联想，并且通过艺术化手法处理的卡通傩面具形象具有一定的幽默性，符合扑克牌文创产品的特征，增加了文创产品与品牌之间的良性互动，为品牌添加了更为独特的传播属性及创意效果，提升了品牌的艺术效果及实用价值。

（2）旅游文创品牌定位。旅游文创品牌在文化创意产业中占据十分重要的地位，其与商业品牌的区别主要体现在旅游文创品牌的文化核心上，旅游文创品牌更加注重的是精神的传递与文化的继承，一个成功的旅游文创品牌一定有其独有的精神文化作为支撑内核，能够围绕地域文化进行精准的产品定位，使品牌具有强烈的可识别性，并且能够引导消费者的消费偏好，从而使消费者对陌生的文化产生认同感，也是这种精准的品牌定位，能够使旅游文创产品在同级别的商品中脱颖而出，增加自身品牌的市场竞争力。

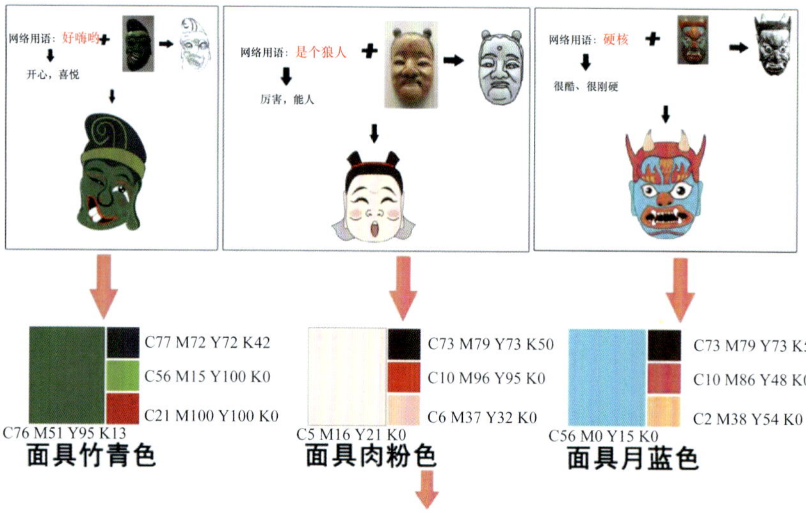

图 5-3-3　赣傩面具系列视觉形象提取（图片来源：回旋）

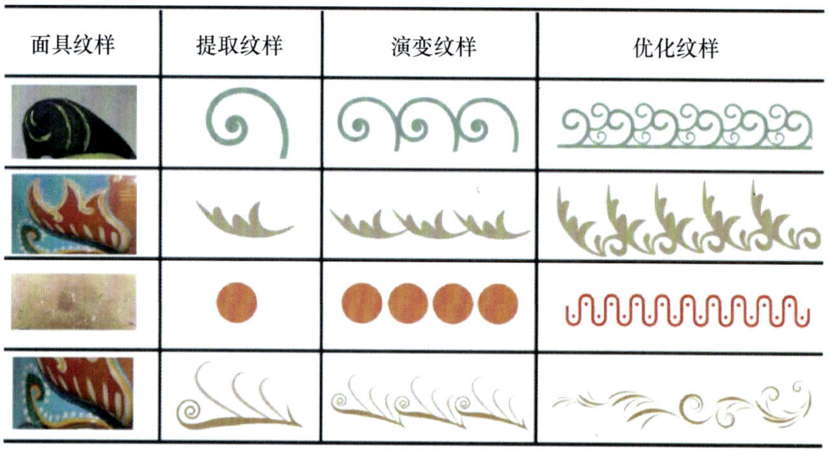

图 5-3-4　赣傩系列视觉纹样提取（图片来源：回旋）

如图 5-3-6 所示，在赣傩旅游文创品牌的定位过程中，设计者将赣傩品牌定位成适用于年轻人的传统文化类的旅游文创产品，并选用了具有赣傩文化代表性的赣傩面具作为品牌形象的代表，考虑到年轻消费群体对色彩与图形的偏好，设计者选用了显性的视觉符号来作为品牌产品中的设计元素，采用了“重组式”的设计方式来对品牌元素进行全新的诠释，主要体现在对赣傩元素的纹样转换上。由于赣傩面具独特的面部特征，具有较强的视觉冲击力，将其提取成为单个的纹样元素，运用拆分、对称、重复等拼贴方式重新组合纹样，不仅能够保留赣傩旅游文创的文化独特性，也能够适应当代消费者的审美观念。赣傩面具色彩的提取中，结合了色彩心理学与色彩搭配，将赣傩面具的主要配色提取出来，赣傩面具本身根据每个角色性格的不同会配置不同的色彩，这也是赣傩文化的隐性文化元素之一，在品牌塑造的过程中，原始的色彩搭配作为文化的来源之一具有很重要的意义。对纹样及色彩的重组传递了赣傩文化的传统艺术理念与赣傩地域文化的独特风情，呈现了赣傩旅游文创品牌的地域民族个性，并且能够使赣傩旅游文创品牌在同类品牌中脱颖而出，具有鲜明的品牌特征。

图 5-3-5　赣傩系列视觉形象旅游文创产品（图片来源：回旋）

如图 5-3-7 所示，赣傩旅游文创品牌产品中的笔记本系列设计，采用了上述图表中提取的赣傩品牌符号，笔记本产品的书写功能占据产品设计本身的大部分，要吸引消费者的目光，就需要有独特的封面设计，在赣傩旅游文创笔记本的封面中采用了赣傩面具的独特元素，以及运用特殊的不干胶材质进行激光雕刻工艺，消费者可以将封面中的赣傩面具纹样撕下来重新组合，进行具有个人偏好的二次创作。在赣傩笔记本文创产品的设计中蕴含了赣傩文化的艺术理念，将赣傩面具个性鲜明的纹样与视觉显著的色彩注入产品中并结合吉祥语意，产品的材质设计也增强了品牌与消费者

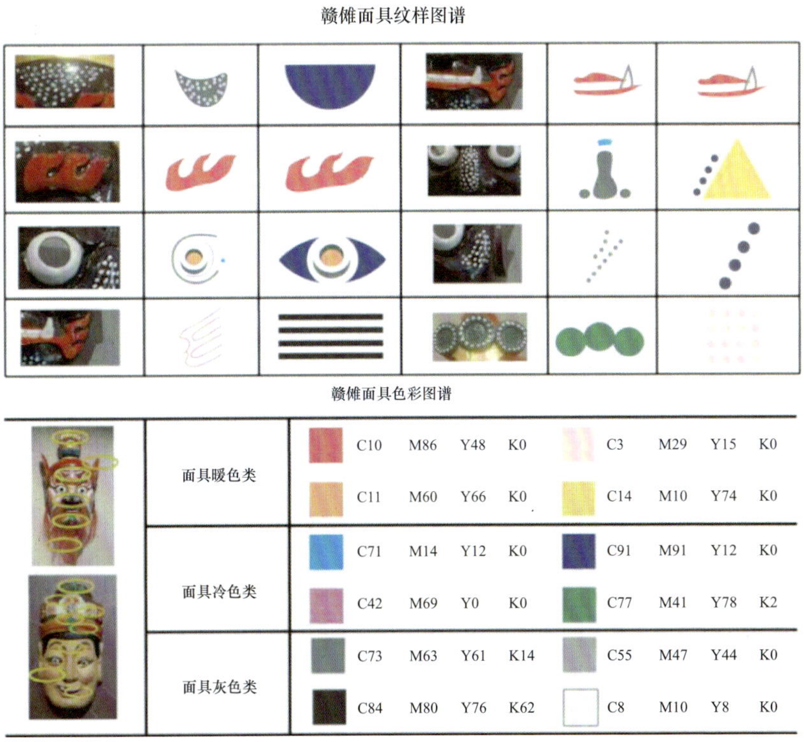

图 5-3-6　赣傩旅游文创品牌元素提取（图片来源：回旋）

图 5-3-7　赣傩旅游文创品牌元素提取（图片来源：回旋）

之间的互动感，使得赣傩文化更容易融入消费者的生活中，从而产生潜移默化的影响，让赣傩旅游文创品牌适应现代消费者的生活方式，从生活的角度精准定位品牌，发挥旅游文创的文化弘扬功能。

（3）引发消费者情感共鸣。旅游文创品牌的核心理念之一就是向消费者传递旅游所在地的精神文化，而想要消费者对文化产生认同感就需要品牌与消费者之间有良好的沟通效益，消费者的成长环境、行为习惯都受到自家地域文化的影响，那么利用旅游文创产品使消费者产生情感共鸣，在精神上打动消费者，就是传播文化，做到文化渗透的途径之一。

如图 5-3-8 所示，赣傩旅游文创品牌在营造情感化的旅游文创产品时选取了赣傩舞蹈作为设计元素进行提取，傩舞的舞姿具有张力，且有浓厚的民族色彩，具有强有力的情绪感染力，采取赣傩文化中傩舞的动作形态及傩舞造型中人物衣着的原始色彩作为品牌设计元素，用卡通化的艺术手法将傩舞造型与原始色彩进行搭配归纳，能够使消费者更加易于接受具有亲近感的傩舞造型，更快地产生情感上的联结。

如图 5-3-9 所示，将赣傩舞蹈元素用对比强烈的色彩及夸张的卡通造型体现出来，以底纹与表情结合的形式再融合到旅游文创产品中。

如图 5-3-10 所示，将上述元素运用在赣傩旅游文创产品的水果干包装设计中作为包装装饰主体，展现赣傩元素的独特魅力，在包装的材质及工艺上也采取环保可回收的绿色材料，既环保也可作为上色卡纸，增加与消费者之间的情感互动。

赣傩旅游文创品牌通过与消费者建立情感互动来达到以品牌产品引发消费者情感共鸣的目的，树立品牌的情感价值，使消费者在产生购买行为时能够第一时间联想到赣傩旅游文创品牌。

图片来源：作者拍摄于萍乡博物馆

C12 M96 Y69 K0	C0 M58 Y50 K0	C11 M97 Y99 K0
C1 M63 Y0 K0	C1 M61 Y53 K0	C3 M8 Y43 K0
C11 M15 Y89 K0	C89 M52 Y87 K14	C80 M33 Y40 K0
C88 M60 Y2 K0	C99 M98 Y15 K0	C2 M98 Y15 K0

图 5-3-8 赣傩旅游文创品牌元素提取（图片来源：回旋）

图 5-3-9 赣傩旅游文创品牌元素提取（图片来源：回旋）

图 5-3-10 赣傩旅游文创傩舞系列产品（图片来源：回旋）

5.3.2　实施旅游文创品牌战略

旅游文创品牌在现代市场中想要获得更好的发展需要在企业经营中实施对应的品牌战略，品牌战略的实施会影响到旅游文创产品的发展空间和品牌在消费者群体中的口碑，因此，旅游文创产品需要借助一定的品牌战略来完善自身及提升旅游所在地的文化价值（图 5-3-11）。

在“互联网＋”的时代背景中，消费者的信息获取渠道大多来自网络，旅游文创品牌在实施品牌战略时要注重营销模式的创新，受众以微博、微信朋友圈等自媒体为主要信息平台，在进行旅游文创品牌建设时要针对当下的消费者心理来树立品牌意识，想要扩宽旅游文创品牌的影响力就需要借助新媒体的营销。微博及淘宝网的普及让旅游文创不仅局限于某个地域，而是以更加快速、更加广阔、更加灵活的方式走入了千家万户，让人们了解旅游文创品牌的同时也增加了购买渠道，形成了推广加上营销的良性循环。

如图 5-3-12 所示，故宫文创品牌，在淘宝及微博都有自己的自媒体频道，其中，淘宝店“故宫淘宝——来自故宫的礼物”创建于 2008 年，至今已有几百万粉丝，其中以故宫元素为设计主体的文创产品一致受到了消费者的好评。

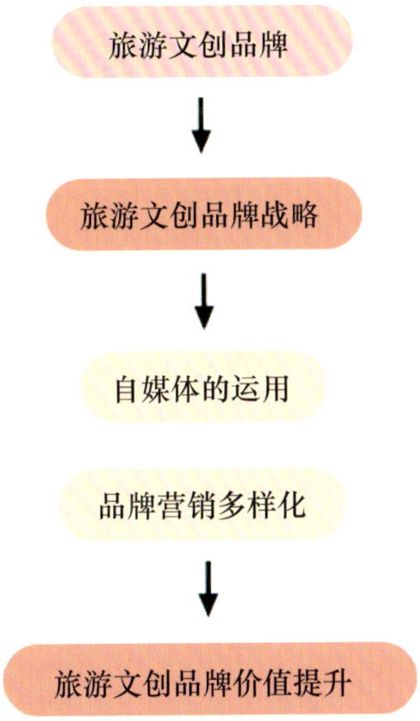

图 5-3-11　旅游文创品牌战略框架
（图片来源：作者绘制）

图 5-3-12　故宫淘宝——来自故宫的礼物
（图片来源：故宫淘宝店官网）

本章小结

本章主要针对旅游文创产品的用户心理分析和旅游文创产品的 IP 塑造方面对旅游文创产品的设计要点进行阐述。首先从用户心理的本能层次、行为层次及反思层次出发，通过这三个层次对用户心理需求进行分析，在本能层次方面把握住旅游文创产品的功能性，在行为层次方面把握住旅游文创产品的安全性，在反思层次方面把握住对旅游文创产品的人性化设计，通过这些要点分析能够在设计旅游文创产品时挖掘用户与产品之间更加紧密的联系。其次通过 IP 塑造将文化与消费者建立联系，选取旅游原生文化中具有代表性的形象加以创作，使其拥有更加鲜活的生命力，为旅游文创产品赢得粉丝基础，通过 IP 的打造树立正面的品牌形象，从而将旅游文创产品成系列和规模地创造出来，通过建立与消费者之间更加紧密和人性化的联系来抓住旅游产品设计的要点。

课后练习

1. 对本章内容进行归纳总结。
2. 针对本章内容提取具有审美意义的家乡旅游文化元素进行旅游文创产品 IP 形象的设计（设计手法不限）。

第 6 章　旅游文创产品的研究价值

旅游文创产品设计是我国文化创意产业中作为中华文化物质载体的重要环节，我国可待开发的旅游文化资源众多，旅游文创产品作为地域文化形象符号，其研究价值相当广泛，旅游文创产品设计的推广，对旅游所在地文化的弘扬、旅游景区的氛围营造乃至当地的经济发展都有着重要的作用。对旅游文创产品的研究价值进行分析，可以在设计时找到人民群众精神需求及物质需求的重要突破口，进而设计出符合当下社会环境并具有时代意义的旅游文创产品。

本章主要学习旅游文创产品的价值。深刻了解旅游文创产品的价值，才能在进行设计元素提炼时准确捕捉到具有地域文化精神内涵的文化元素，并且设计出符合现代审美要求的作品。本章学习框架主要分为对旅游文创产品审美价值、文化价值与商业价值的学习，以及对应的旅游文创产品案例分析。只有深刻了解旅游文创产品的价值内涵，才能设计出真正具有价值的旅游文创产品（图 6-1-1）。

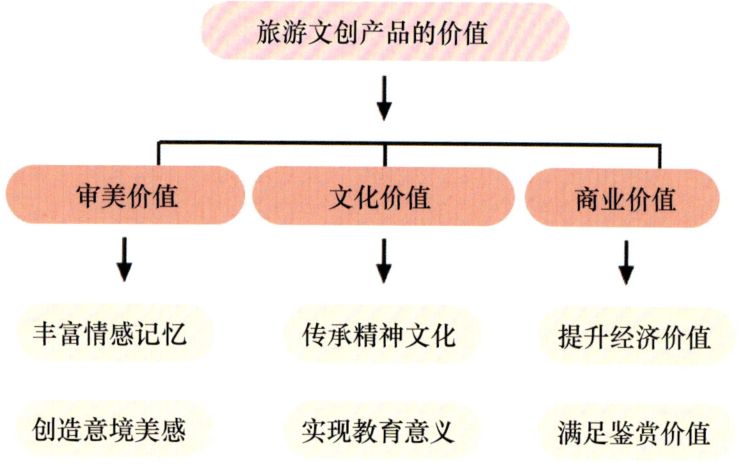

图 6-1-1　旅游文创产品的价值学习框架
（图片来源：作者绘制）

6.1 旅游文创产品的审美价值

旅游文创产品是基于文化创新的产品，在外观设计上要比普通产品更具有审美价值，使消费者可以通过产品的外貌和传达出来的精神感受到形式与文化的美感，并以此提升旅游文创产品的整体价值。因此，在设计旅游文创产品时，首先要从以人为本的观念出发，对其审美价值进行分析并提出对应的设计方案。从人的审美的过程来看，它首先体现在消费者对旅游文创产品的外形、联想、色彩及感官体验上；从产品的审美价值上看，则体现在其附带的情感及对原生文化的还原度表现上。要提升旅游文创产品的审美价值，就需要准确分析大众的审美追求，再将其与旅游文创产品相结合。

缺乏审美价值的旅游文创产品通常都违背了消费者的审美意愿，消费者的审美意愿与旅游文创产品的审美价值之间存在着两种情况，一种是批量化生产下诞生的旅游文创产品，此类产品往往无法满足消费者的审美期待，其设计手法及制作工艺没有针对原生文化的精髓进行提取，不能使消费者身临其境地体会到旅游所在地的文化底蕴，便很难激发出消费者对产品的兴趣，使文创产品缺失了审美价值；另一种是旅游文创产品一味追求当下的潮流，迎合大众化的审美，在设计时不考虑文化元素与文创产品之间的契合度，丢失了原生文化呈现在旅游文创产品中的意境美感，这样的旅游文创产品虽然能一时引起消费者的关注，但缺乏艺术性很难长久地保留住消费者的喜爱。

在旅游文创产品设计的过程中，要巧妙地将地域文化中美的元素与旅游文创产品进行融合，消除消费者对旅游文创产品单一样貌的疲劳感，将旅游文创产品的原生文化与人们的日常生活紧密联系，让消费者通过日常使用来真切感受到其外形的美、内在的美及诗意的美，使普通的生活类旅游文创产品也具有文化的美感。

如图 6-1-2 所示的徽派建筑元素瓦当纹样的提取，徽州瓦当不仅是建筑物的挡雨之物，其独特的工艺技术与精致的花纹也独具审美特性，通过对瓦当的样式与文创产品相匹配，再保留其具有传统韵味的纹样，将二者结合设计出现代生活类旅游文创产品——徽派建筑元素食品保鲜夹，在其功能性完好的基础上为单调的生活类文创产品增添了审美价值，使消费者在使用过程中充满了生活情趣。

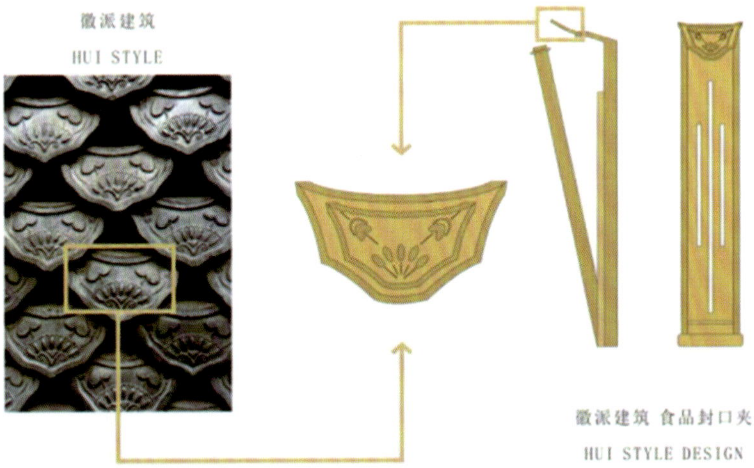

图 6-1-2　徽派建筑元素瓦当纹样的提取（图片来源：黄诗琪）

要进一步丰富旅游文创产品的审美价值，不能停留在对潮流的追赶及单纯的外表呈现上，在满足大众审美的同时，也要利用消费者对旅游所在地的情感记忆，以及旅游所在地原生文化的意境美感来吸引消费者的目光，只有如此才能使旅游文创产品的审美价值得到艺术性和创新性的层次提升。

6.1.1　丰富旅游文创产品的情感记忆

丰富旅游文创产品的情感记忆是提升旅游文创产品审美价值的重要环节。在文化创意产业中，旅游文创产品作为商品能够飞速发展的原因在于其功能性不仅是为了市场流通，也是为了体现人文情怀；从某种层面上来说，旅游文创产品即旅游纪念品，其承载的是人们在各地旅行时留下的记忆及对当地美景和人文产生的丰富情感，消费者购买旅游文创产品也是为了将这些情感借助产品表达出来。而设计师在塑造旅游文创产品蕴含的情感记忆时，就需要了解大众对旅游所在地的情感需求，结合实际的场景及现代的表现手法，并借助视觉符号将这些元素转化为文创产品设计，从而提升旅游文创产品的审美价值。在提炼旅游文创产品原生文化中的情感记忆时需要注重以下两点。

（1）注重情感记忆元素的还原性。在旅游前期，人们要去往一个陌生的地方进行短期生活时，心理上会充满期待和向往，对即将要去的地方在思维层面上构建出一个美好的形象，在亲身经历旅行之后，购买旅游纪念品或是想要将这种美好的情感传达给亲人、朋友时，旅游文创产品的样貌与消费者心里的美好形象不符合或是反差太大将会造成消费者的心理落差，也不利于消费者将这份美好的情感保存下去，以上这种情况就是旅游文创产品的还原性不够造成的，想要贯彻旅游文创产品元素提取的真实性，就需将其场景还原于旅游文创产品中。

情感记忆元素指的是旅游所在地会给消费者留下深刻印象的元素，或是比较著名的、可以引起消费者对未去到的旅游所在地兴趣的元素。元素提取的还原性指的是对这些地域性文化元素的样貌进行真实的还原与描述。例如，将旅游所在地的特有文化及具有地域特色的事物融入文创产品。

如图 6-1-3 所示的“肥西老母鸡汤”安徽合肥传统名菜文创元素提取过程，将安徽合肥传统名菜的原材料与有趣的地方方言相结合，利用圆滑的字体设计使标识具有亲切感，拉近了与消费者心理上的距离。标志则设计成卡通母鸡的造型，使消费者在看见包装时就能感受到对“肥西老母鸡汤”的记忆还原性。

将旅行者记忆中的场景还原在旅游纪念品中，再搭配对场景的介绍及当地事物和食物的描述，使人感觉身临其境，营造出情感记忆上的还原；将地方性的食物还原于可购买携带的包装文创设计中，使消费者即使不在现场也能够享有置身其中的美好体验。作为旅游文创产品审美价值中的情感记忆元素，还原其真实面貌是非常重要的。

情感记忆元素的转化过程，是对地域文化及地域美景的解构再塑造的过程。元素提取的还原性是一个强调与原生文化客观存在相符合的范畴，其意义在于旅游文创产品自身蕴含的内容需要具有真实性，产品本身需要具有真情实意的体验感。好的旅游文创产品应该能够让消费者在旅行结束之后，通过产品进行记忆联想，从而回忆起在旅游所在地看见的点点滴滴和留下的美好回忆。

（2）多样化艺术手法转化情感记忆。在旅游文创产品的呈现上应当采用丰富多样的艺术化手法，在保留其还原性的同时增加艺术性和神秘感，刺激未去过当地的消费者产生想要亲身体验当地风土人情的欲望。可以通过照片＋文字、手绘、漫画、绘本等形式将景物与文创产品结合或对当地著名场景进行二次创作，描述旅游所在地的神话传说，为消费者营造一种具有民族风情的情感联想，从而达到利用多样化的艺术表现形式增强旅游文创产品情感记忆的目的。

如图 6-1-4 所示的“傩文化”傩面具旅游文创产品设计，“傩面具”在其原生文化中的用意在于驱鬼逐怪，由于其面目较为狰狞不适用于日常生活类文创产品，在手绘转化中将“傩面具”元素原本尖锐的棱角进行圆滑处理，搭配柔和温暖的色彩增强其亲和力，使其以易于接受的形象重新与大众见面。通过元素提取的方式将其卡通化之后与胶带文创产品融合，既能满足胶带的功能性，也能使“傩面具”文化元素在旅游文创产品中赢得消费者情感上的认可。

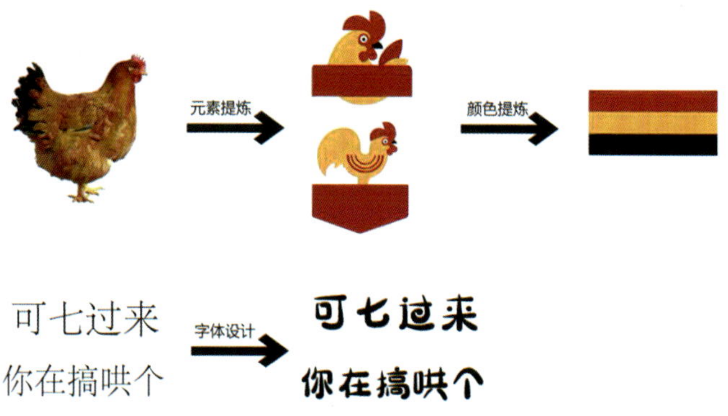

图 6-1-3 “肥西老母鸡汤”安徽合肥传统名菜文创元素提取过程（图片来源：邱语）

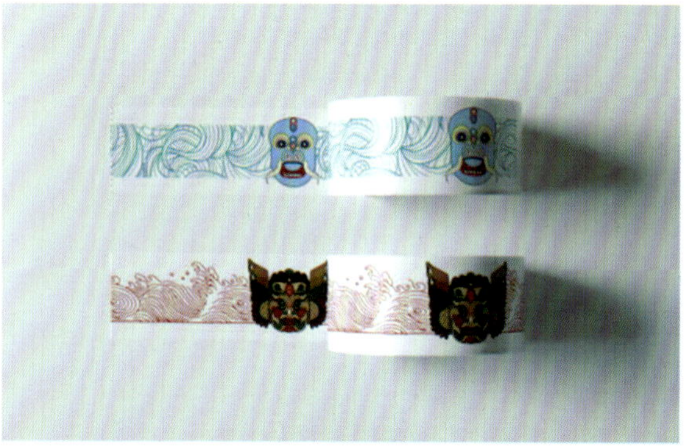

图 6-1-4 “傩文化”傩面具旅游文创产品设计（图片来源：黄诗琪）

6.1.2　创造旅游文创产品的意境美感

意境美感通常是借由旅游文创设计的外形、色彩、线条、图案等外部因素来构建出，是具有象征意义和地域文化特色韵味的设计环节。通过意境美感的体现能达到旅游文创产品设计所要传达出的格调、意境及审美价值的提升。

在旅游文创产品设计中，图形的设计作为重要的视觉表现形式通常要承担视觉效果与意境体现的任务，要通过设计概括当地地域美景或历史文化的意境美，在元素选择上也多选用旅游所在地的山水文化与历史内涵进行提炼。

如图 6-1-5 所示，“羽仙记”新余仙女湖旅游文创产品设计 LOGO 中将“仙”字作为设计主体，结合了新余仙女湖的山水特征，将轻柔的水波纹路融合在设计中，呈现山水环绕、如临仙境之感。新余仙女湖作为“七仙女下凡”民间传说的发源地有着著名的江南风格，在 LOGO 设计中，采用丰富柔和的渐变色来体现其意境之美，也寓意着依山傍水的新余小城人文民俗的丰富多彩。标志的整体造型是字体设计与图形设计的有机结合，运用圆形作为山水环绕的象征加上刚劲带有棱角的字体设计，形成“刚柔结合”的独特韵味。通过标志设计来表达旅游文创产品的设计理念，通过增强消费者心理上的感染力达到对意境美感的塑造，从而提升旅游文创产品设计的审美价值。

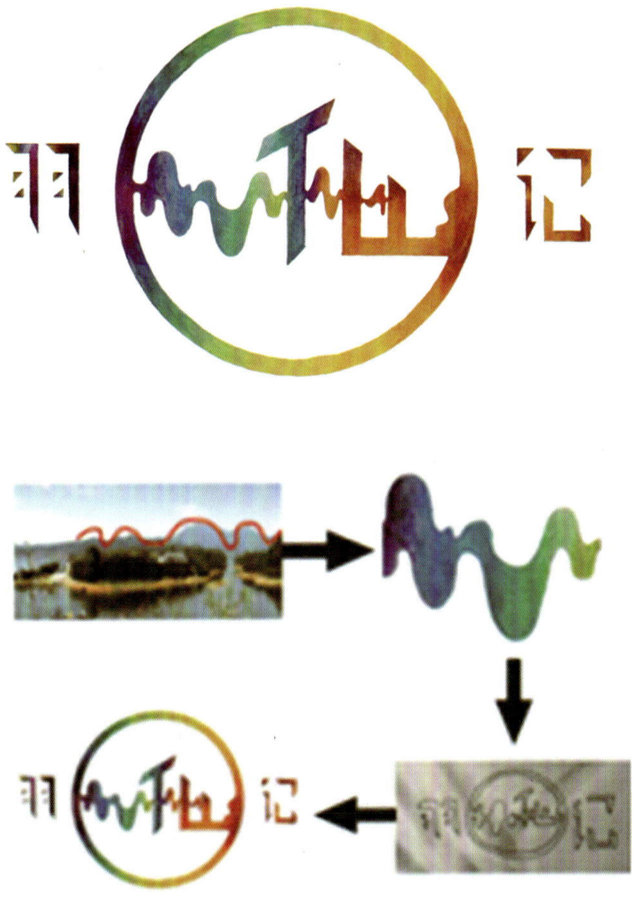

图 6-1-5　“羽仙记”新余仙女湖旅游文创产品设计 LOGO（图片来源：黄诗琪）

6.2 旅游文创产品的文化价值

文化价值是一个涉猎甚广的范围，其价值范畴来自各地域的历史发展、各民族文化习俗之间的差异性，以及经过时间的变迁各地域文化的独特性。在我国传统文化中，有着许多值得传承和具有大量文化价值的内容，以四书五经为代表的儒家文化几千年来激励着学者们进步，其强调天人合一、修身齐家治国平天下的精神影响着世世代代的国人乃至全世界的人们；以哲学思维名扬四方的道家文化，其平和豁达的开放胸怀和古朴恢宏、神奇玄妙的独特魅力影响着世人的处世之道；以及中国传统文化中的《易经》《天工开物》等具有大量文化价值的历史书目都是中华文化的价值精髓。中华文化博大精深也正是由于我国民族众多、地域辽阔，在不同地域诞生出来的不同文化相互碰撞，百家争鸣、百花齐放的结果。中国的审美形态在这样的文化熏陶下形成了对精神力量的重视，也正因如此，旅游文创产品设计作为文化设计的一种，应将这些精神文化的优良传统融入，将其与特定的传统文化与人文风俗结合在一起，使旅游文创产品能够满足市场需求的同时也饱含人文价值。

旅游文创产品作为地域文化的物质载体，本身就具有传承和开发文化价值的功能属性。在设计旅游文创产品时，深化其文化价值才能够在旅游文创产品中映射出每一座旅游城市的特色与灵魂。面对承载着丰富文化的辽阔土地，每一地域都有着自己丰富多彩的文化特性，如有齐鲁文化、巴蜀文化，以及江南水乡与豪迈奔放的蒙古草原文化等，要将这些灵动的文化气韵转化成物质体现，最好的方式就是将其融入旅游文创产品中，通过设计来展现中华地域文化的精神意义与教育意义，彰显旅游文创产品蕴含的文化价值。

6.2.1 传承旅游文创产品的精神文化

通过旅游文创产品传承旅游所在地的精神文化是将地域文化内涵物质化的表现，它们需要基于本地特色文化元素来创作出能够满足消费者物质精神需求的产品，是实现文化商品化与地域精神内涵有机结合的重要途径。将精神文化注入旅游文创产品中，不仅要注重对旅游所在地代表性图案的提取，也要注重通过文字、各个地域的方言及谚语来进行文化符号的提取，并转化为多样化、唯一性的地域精神文化来与旅游文创产品进行融合，以此达到通过旅游文创产品设计传承文化精神的目的。

（1）选取具有唯一性的精神文化元素。精神文化元素的唯一性即指精神文化的独一无二性，作为旅游文创产品的映射对象，代表地域精神文化的元素内涵与其蕴含的审美特征必定会注入旅游文创产品的创作中，那么选取有代表性、能够被消费者一眼识别的元素就显得极为重要。精神文化的传承不同于旅游文创产品设计中的其他部分，具有丰厚文化积淀的旅游城市，其地域山水风貌元素、人文景观元素、民间风俗元素和民间技艺元素都能够针对其图案、色彩和材质的提取转化到文创产品设计中，但是地域精神文化的内涵往往蕴含于当地基于历史时间沉淀下来的文字、谚语和方言中，这些具有地域唯一性的文化元素，才能真正传达出旅游所在地独一无二的精神文化内涵。

如图 6-2-1 所示，哈尔滨旅游文创“雪菇灯”冰雪文化元素提取后进行再设计。作品将东北地域中特色的冰雪文化进行元素提取。冰雪是哈尔滨特有的地域美景，房屋上厚厚的积雪形成“雪菇”的形象，将积雪与雪栅栏的外形提取出来形成文化元素符号，再将其融入哈尔滨旅游文创产品中，设计出了具有唯一性的哈尔滨冰雪文化元素“雪菇灯”旅游文创产品（图 6-2-2）。

地域美景作为只存在于某一地域的特色景观，是以当地独有的天气及地域地质经过时间的沉淀形成的非物质文化，同时，也是不同地域的人们了解当地民风民俗的重要元素。在进行旅游文创产品精神文化提取时，哈尔滨的冰雪文化作为地域性文化的变体，带有浓厚的地域唯一性，是进行精神文化转化的首选元素之一。东北的冰雪美景在我国旅游市场中多有“雪乡”“雪国”之称，但其精神文化并不显著，但随着网络媒体的发展，东北的冰雪美景不断被开发与传播，如哈尔滨的冰雪大世界、狗拉雪橇等文化元素都被全国人民所熟知和喜爱。将冰雪文化元素提取设计为“雪菇灯”，使用方式为模拟哈尔滨当地人民拍打积雪的方式轻轻拍打灯顶来点亮，以此来传达东北地域的精神文化，再将这些元素融入旅游文创产品设计中，以具有唯一性的地域元素展现东北地域的文化价值。

如图 6-2-3 所示的兰州地域文化元素腰鼓戏的元素提取过程，将兰州独有的民间戏曲元素腰鼓戏的形象提取为线性图案，选取腰鼓戏中鼓面的色彩元素融入包装设计中，打造具有兰州地域唯一性的兰州旅游特产包装文创设计。

如图 6-2-4 所示的兰州旅游特产“甘草杏”包装文创设计，将具有兰州文化识别性的腰鼓外形设计为包装造型，红色绸缎包装提手在符合人体工程学的同时与随包装赠送的衍生产品兰州腰鼓戏纹样的拨浪鼓呼应了兰州腰鼓戏中的造型特征，加强了旅游文创产品与消费者之间的情感互动，增加了产品包装趣味性的同时还强化了兰州的地域特征并增强了消费者的情感记忆共鸣。

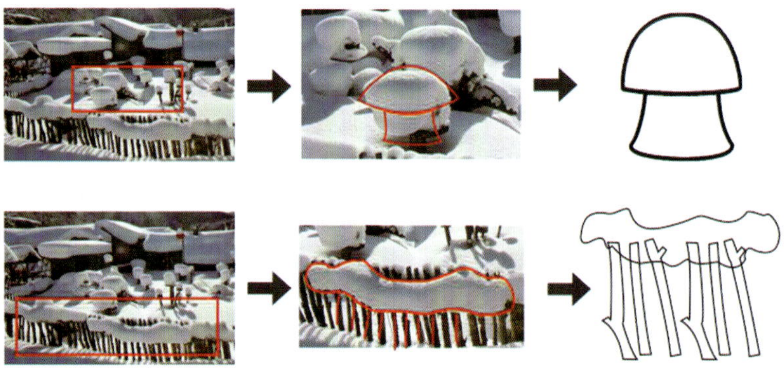

图 6-2-1 哈尔滨旅游文创“雪菇灯”冰雪文化元素提取（图片来源：作者绘制）

图 6-2-2 哈尔滨冰雪文化元素“雪菇灯”旅游文创产品（图片来源：周靖康）

（2）旅游文创产品对精神文化的巧妙转化。在提升旅游文创产品的文化价值时，对精神文化元素的巧妙转换能够打造极具地方特色和代表性的旅游文创产品，消费者去到一个新的旅游地时往往会被当地独有的不同于自己生活场所的精神文化所吸引，把握它们的特征与内涵，将这些民俗文化符号与旅游文创产品相结合，就能够将地域精神文化转化进旅游文创产品设计中。例如，云南著名的民间特色“云南十八怪”在旅游文创产品中的巧妙转换。云南由于其独特的地理风貌、特殊的气候状况、多彩的民族风情和奇特的风俗习惯产生了许多不同于其他地方的奇异现象，所谓“云南十八怪”是描述云南因独特的地理位置、民风民俗所产生的一些特有甚至有些奇怪的现象或生活方式。“云南十八怪”就是云南民间风俗与饮食文化集合成的具有代表性的云南地域精神文化，与其融合的旅游文创产品极具云南地域风情。

如图 6-2-5 所示，“云南十八怪”旅游文创产品中提取云南十八怪元素与云南特产美食酸枣糕相结合。在产品包装盒上增加对云南十八怪的描述，不同的口味对应不同的色彩，消费者在品尝云南当地特色美食的同时也能够了解到云南的民间风俗文化，满足观赏要求的同时提升了土特产品文创的文化价值，其设计结合了云南当地的饮食文化与精神内涵，是集商品价值与文化价值于一体的云南旅游文创产品。

如图 6-2-6 所示的 G20 杭州峰会期间的国宴餐具文创设计，2016 年 G20 领导人峰会在我国浙江杭州召开，我国以好客之道为欢迎二十国集团领导人精心准备了丰盛的国宴，其中精美独特的国宴餐具引起了人们的广泛关注。此套餐具全套系列名为“西湖盛宴”，创意与工艺均来自杭州，其创作灵感来源于西子湖畔的自然景观。此套餐具采用了国画风格的淡彩工艺进行绘制，图案为西湖十景，具有非常深厚的我国传统的文化底蕴。

此套餐具将杭州西湖美景及其美好寓意融合在文创产品中，其图案以穹顶的植物及底部的西湖盛景作为主体图案，其精巧之处不仅体现在图案上，也体现在器具的造型上，其形状及图案元素都融入了桥的样式，四小味前菜以高足碟的形式呈现在手工制作而成的骨瓷桥形摆件之上，这也契合此次 G20 峰会的会标图案，瓷器对应着会标里

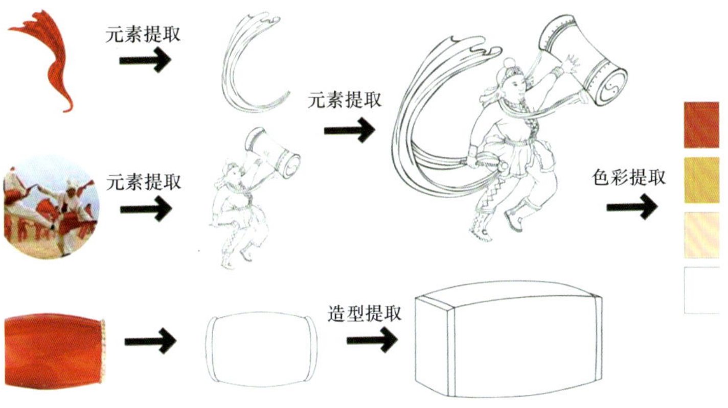

图 6-2-3　兰州旅游文创产品“甘草杏”特色美食的文创包装元素提取过程
（图片来源：王明哲）

图 6-2-5　“云南十八怪”旅游文创产品
（图片来源：网络）

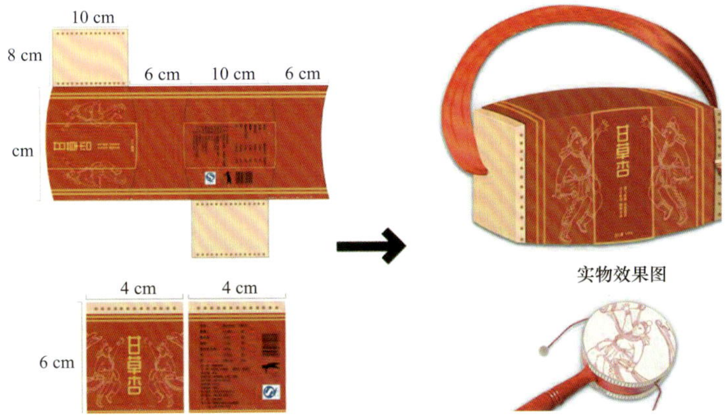

图 6-2-4　兰州旅游特产“甘草杏”包装文创设计（图片来源：王明哲）

图 6-2-6　G20 杭州峰会餐具文创产品
（图片来源：网络）

“中国”的英文，寓意我国的发展将为G20成员搭建合作共赢之桥。尊顶盖顶端提揪设计源于西湖十景之一、被誉为“西湖第一胜境”的三潭印月，其设计的创意是将富有中华文化精髓的“三潭印月”展现于餐具之中，“三潭印月”不仅是杭州美景的称呼，也是中华文字的精华之选。其整体布局大气华贵、配色自然清新，象征着杭州西湖的景致与中华文化的磅礴气势，整体呈现了我国江南城市的文化气韵，其对杭州美景及中华文字元素巧妙转化，为世人呈现出了独具江南水乡特色与中华文化之精髓的文创产品设计。

6.2.2 实现旅游文创产品的教育意义

在实现旅游文创产品文化价值升值的过程中，对旅游文创产品设计中教育意义的提升也十分重要。我国作为文化教育大国，从九年义务教育到成人高考，无一不在提升着全民族的文化程度，全方位增加我国的知识性人才，为祖国的发展作长远的规划；旅游文创产品作为我国文化创意行业中的重要组成部分也承担了教育任务，通过对我国不同地域社会民俗文化、人文风情，以及建筑景观中提取独具标志性元素与旅游文创产品相结合，把握它们的教育意义，将这些代表中华文明的文化符号及历史人文标志与现代设计相结合，创造出能够传承中华优秀文化并影响下一代的旅游纪念品。在进行旅游文创产品设计提升教育意义的设计时，应当从设计元素选取和受众群分析两个方面进行分析。

（1）设计元素应选取具有深刻含义的地域文化元素。以纸质类旅游文创产品为例，各地域的历史人文元素都能够设计成为具有教育意义的旅游文创产品，例如，江西南昌的著名古建筑滕王阁，作为江南三大名楼之一始建于唐朝永徽四年（653年），无数文人墨客以其为灵感作诗赋词。我国唐代著名文学家王勃“落霞与孤鹜齐飞，秋水共长天一色”的名句就是在滕王阁上诞生的，以其作为旅游文创产品的设计元素不仅具有丰厚的历史文化之感也独具教育意义。

如图6-2-7所示的滕王阁文创产品宣传海报设计，通过现代设计将滕王阁的形象以手绘的方式搭配中国风的山水作为辅助图形呈现在旅游文创产品宣传海报中，再搭配对滕王阁的历史解说，全方位向消费者呈现了滕王阁的历史全貌，使消费者在不去也能够了解到江西名楼滕王阁的风采。此类旅游文创产品宣传海报的设计会大大激起人们对江西南昌历史人文的好奇与探索，也使南昌旅游文创产品的文化价值得以提升，丰富了旅游文创产品设计审美的文化意蕴。

（2）在旅游文创产品设计时要针对受众群体的不同年龄层次来设计具有教育意义的旅游文创产品。在旅游途中，幼龄儿童也是购买旅游文创产品的主要客户之一，儿童在选取旅游文创产品时往往会被其可爱的外表及丰富的色彩所吸引，通过对受众群的心理分析将文创产品的文化意味设计成适用于儿童读取学习的旅游文创产品，从而丰富其教育意义。

如图6-2-8所示的“畲乡赋”畲族旅游文创产品儿童绘本设计，创作者将畲族传说设计成为儿童绘本，将畲族人民吃苦耐劳、勇敢独立的精神内涵以卡通画的形式转化到针对儿童设计的旅游文创产品中，在丰富旅游文创产

图6-2-7 滕王阁文创产品宣传海报设计（图片来源：网络）

图6-2-8 “畲乡赋”畲族旅游文创产品儿童绘本（图片来源：黄诗琪）

品种类的同时，加强了畲族旅游文创产品的教育意义。

如图 6-2-9 所示的“畲乡赋”畲族旅游文创产品二十四节气明信片设计中，创作者以清新的色彩及可爱的畲族人物卡通形象进行畲族旅游文创明信片设计，将中华传统文化中的二十四节气元素与畲族的民族特色服饰和食物相结合，画面中根据不同的节气搭配当季适宜食用的食物进行组合，富有纪念意义的同时也具有一定的实用性。活泼的色彩能够吸引儿童消费者的兴趣，其内容也能够使小朋友了解中华二十四节气，以及学习到各节气适宜的食物，丰富的画面感及文字的描述将我国的文化底蕴鲜活地表现在旅游文创产品设计中，使旅游文创产品富有教育意义并以此提升其文化价值。

图 6-2-9　“畲乡赋”畲族旅游文创产品二十四节气明信片（图片来源：黄诗琪）

6.3 旅游文创产品的商业价值

时代在不断进步，我国的旅游经济不断发展，其收益呈现逐年上涨的良好态势。据我国前瞻产业研究院发布的《中国文旅融合行业市场前景预测与投资战略规划分析报告》数据统计可知，我国在 2018 年国内旅游人口总数达到 55 亿人次，旅游市场收入达到 5.13 万亿元，入境旅游人数达到 1.41 亿人次，国际旅游收入 1271 亿美元。文化旅游消费在火爆升级的同时也在促使着旅游文创产品的创新及其商业价值的不断飙升，越来越多的产业注意到文化创意行业的良好发展态势与旅游文化产品的商业价值。基于其良好的发展前景，在设计旅游文创产品时，设计师应当顺应时代的潮流，为文化创意产业与旅游经济的结合提供源源不断的助力。

6.3.1 提升旅游文创产品的经济价值

随着新媒体和自媒体平台的不断发展，人们的生活越来越便利，消费者能够做到足不出户就了解到各地的旅游文化信息，旅游文创产品的宣传及传播方式也不再局限于纸质宣传与区域性传播，旅游类节目及游记书目的广泛传播也为提升旅游文创产品的经济价值打下了良好的基础，利用广泛的传播媒介宣传旅游文创产品是当下旅游文创产品提升其经济价值的良好途径。

在文化创意产业与媒体结合发展的大背景下，旅游文创产品设计行业迎来了前所未有的机遇，设计师需要通过以下三点来提升旅游文创产品的经济价值。

（1）要增加其曝光频率使文创深入生活。旅游文创产品是基于旅游经济发展的产物，在移动互联网的时代背景下，旅游经济的便利性也体现在旅游文创产品设计中，对于其宣传推广的平台也越来越丰富，当下流行在广大消费群体中的短视频平台“抖音”“快手”等都是宣传旅游文创产品的良好媒介，通过对这些传播媒介的运用，扩大旅游文创产品曝光率，让文创成为消费者生活中的日常，通过潜移默化的影响引导大众提高对旅游文创产品的兴趣，从而达到文创深入生活，养成大众消费习惯的目的。

（2）通过拓宽传播途径使旅游文创产品设计紧跟时代的脚步。在互联网飞速发展的时代，依托网络的便利对地域传统文化的旅游文创产品进行推广，做到以“新”带“旧”，使原本沉静下来的历史文化在新时代中重新焕发光彩。

（3）通过打造旅游文化产品生态链提升旅游文创产品的经济价值，以网络宣传结合线下塑造的模式优化旅游文创品牌的生态环境。例如，故宫旅游文化产业生态链的运营模式，故宫旅游文创产品设计拥有自己的购物平台，同时，也创作了一系列宣传片来对其文化进行宣传，吸引消费者，如《我在故宫修文物》系列纪录片的广泛传播，使越来越多的消费者对故宫文物的神秘感产生向往。

如图 6-3-1 所示，随着《我在故宫修文物》系列纪录片的播出，许多观众重新激发了对我国传统文化的热情，纪录片将我国“工匠精神”与故宫的历史文物放在同一视角中，一静一动中精致的雕花金箔重新焕发光彩，通过镜头向观众传达百年文物的历史风韵，通过抓住大众的情感，获得消费者对故宫文物的认可与亲切感，再以这些文物为原型推出旅游文创产品，以此提升故宫旅游文创产品的经济价值。

图 6-3-1 《我在故宫修文物》系列纪录片片段（图片来源：网络）

旅游文创在如今已是旅游经济发展的常规状态，旅游文创产品设计师除了要挖掘旅游所在地的特色文化元素树立旅游文创品牌形象，为消费者营造良好的旅行氛围之外，也要注重旅游文化产品在经济市场中的发展，要利用现在“互联网＋”的媒体环境培养大众对旅游文创产品的感情，使旅游文化在现代设计的转化中呈现出多样性、多维度、多载体的形态与精神面貌，不断优化旅游文创产品，使其满足消费者日益增长的精神需求，促进旅游文创产品经济层面的良性发展。

6.3.2 满足旅游文创产品的鉴赏价值

旅游文创产品的鉴赏性是在旅游文化的基础上建立与发展的，旅行行为本身就是人类的一种审美行为活动，人们观看不同的风景、品鉴不同的文化氛围，通过这些行为来提升自己的审美鉴赏能力；同时，消费者通过对旅游文创产品进行鉴赏也能够获得感官上的满足与心灵上的愉悦感。设计师赋予旅游文创产品形式和内容创新性的美感，都是在通过物质引导消费者进行审美行为，只有激发消费者对旅游文创产品的想象力，才能达到旅游文创产品鉴赏价值层面的完善。

旅游文创产品是综合多种文化元素经过现代设计处理的文化创意产物，其鉴赏价值是从理性层面与感性层面结合来看的；从旅游文创产品的功能角度来说，旅游文创产品的鉴赏价值可以体现在其材质与使用的便利程度上。

如图 6-3-2 所示，由故宫博物院推出的旅游文创产品“初雪调味罐”，故宫的红墙绿瓦搭配北京冬季大雪的景象给许多旅行者留下了深刻的印象，故宫博物院将这一景点元素与旅游文创产品相结合，将调味料中的盐比作初雪，在旅游文创产品的造型中加入故宫红色的高墙与宫殿前的石狮，让质朴的生活用品既能满足使用功能要求也能具有别样的鉴赏价值。

如图 6-3-3 所示，图中对兰州山水文化元素采用了线描的方式进行艺术化处理，将以面为主的山形用丰富的线条表达在画面中，并选取具有兰州地域风情的标志性色彩加以搭配，设计出了兰州特产茶叶包装文创产品。

如图 6-3-4 所示，对兰州特产茶叶包装的旅游文创产品设计，将兰州山脉图案元素与兰州茶文化相结合，以线性山脉外形结合淡雅的兰州地域色彩，增加旅游文创产品的鉴赏价值。

通过对设计表现手法的运用也能够提升旅游文创产品的鉴赏价值，如图文并茂的纸质旅游宣传品和以旅游所在地山水风貌为元素衍生的旅游文创产品，将具有鉴赏意义的山水风景转化为可见可摸的物质商品，不仅能够使旅游文创产品具有经济价值，从旅游文创产品的前期宣传来看，也能使消费者事先感受到旅游所在地的自然与文化氛围，达到提升旅游文创产品鉴赏价值的目的。

图 6-3-2 故宫旅游文创产品“初雪调味罐”（图片来源：网络）

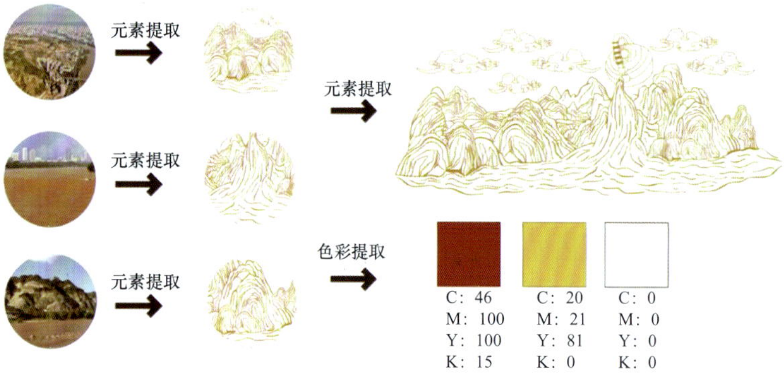

图 6-3-3 兰州旅游文化山水元素转化过程（图片来源：王明哲）

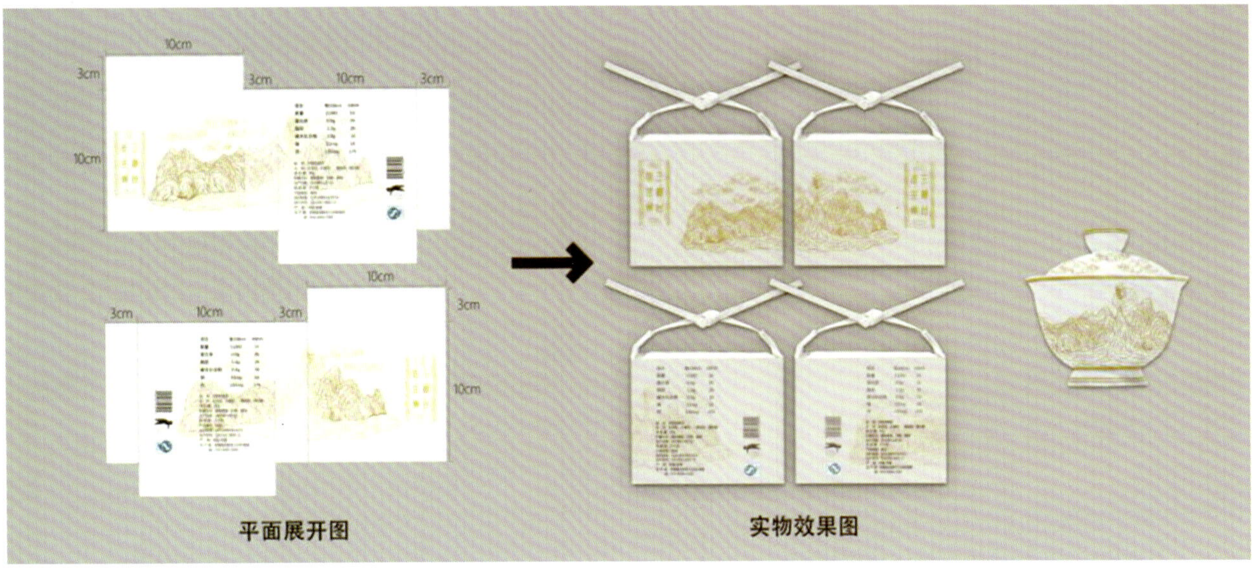

图 6-3-4　兰州旅游文化山水元素茶叶包装设计（图片来源：王明哲）

本章小结

本章主要对旅游文创产品的研究价值进行了详尽的描述，主要从旅游文创产品的审美价值和情感价值方面出发，探讨了审美价值中对旅游文创产品中情感记忆和意境美感的营造方法，以及通过对文化价值和经济价值的分析来完善旅游文创产品的内在价值和附加价值。情感价值主要是通过调动消费者对旅游所在地的怀念或憧憬，将这些情感寄托在旅游文创产品中，通过对旅游所在地场景进行艺术手法的转化还原在旅游文创产品中，来提升文创产品的价值；意境美感是通过对旅游文创产品设计的外形、色彩、线条、图案等外部因素设计来构建出象征意义，来传达出旅游文创产品的格调、意境，以及实现审美价值的提升。文化价值主要是将旅游文创产品中原生文化内涵的提取作为实现途径，其中通过艺术手法转化具有地域唯一性的原生文化是提升旅游文创产品文化价值的重点。旅游文创产品不仅需要将原生文化的内涵完整体现出来，也需要发挥其教育意义，所以，在旅游文创产品的价值研究中，通过设计的方式将我国传统文化和知识注入旅游文创产品中，能够使商业化的旅游文创产品具有教育下一代的意义。通过多方位的价值提升，最终实现打造出符合现代价值观、跟随时代脚步的旅游文创产品。

课后练习

1. 对本章内容进行归纳总结。
2. 针对本章内容提取具有审美意义的家乡旅游文化元素进行旅游文创产品设计。

第 7 章　旅游文创产品赏析

7.1 生活用品类旅游文创产品赏析

佛山醒狮闹钟设计

贵州撮泰吉行李牌设计

岭南茶具设计

徽派建筑书签设计

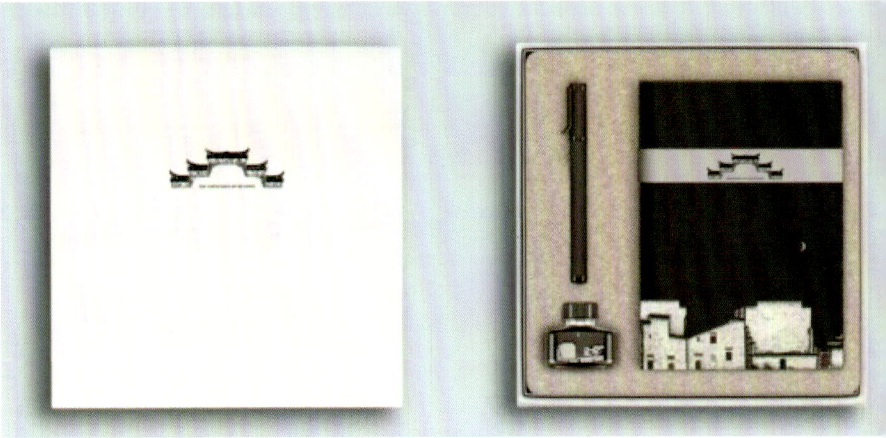

徽州文具设计

浙江西塘文房四宝设计

徽派建筑书立设计

故宫鼠标设计

茶具设计

水族情侣杯设计

御林军笔筒设计

灯具设计

手提包设计

南昌采茶戏胸针设计

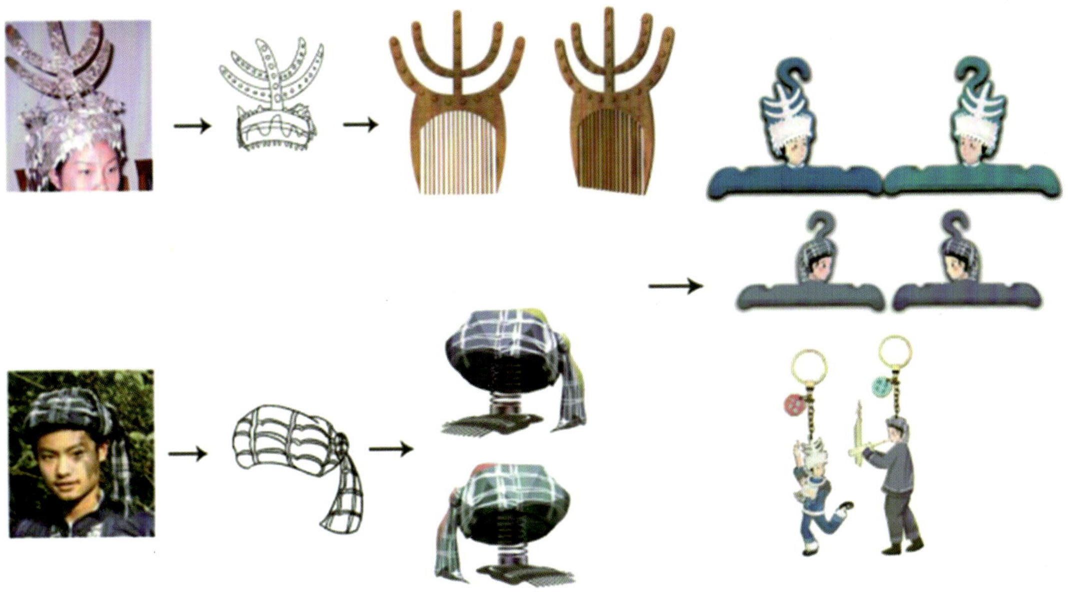

水族服饰系列设计

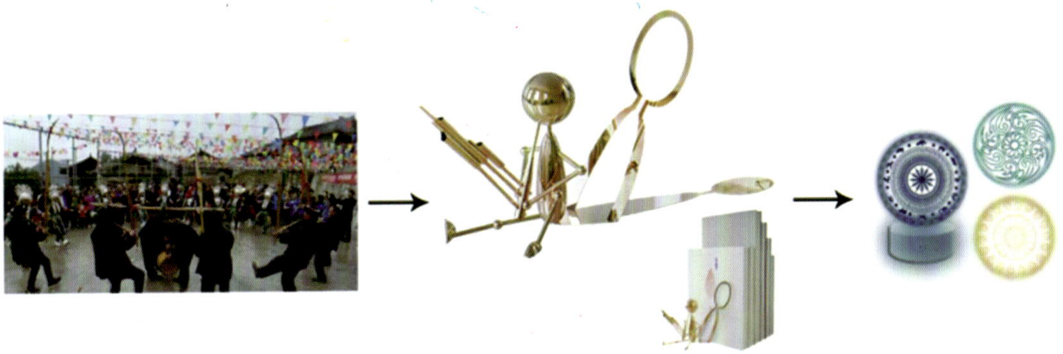

水族乐器系列设计

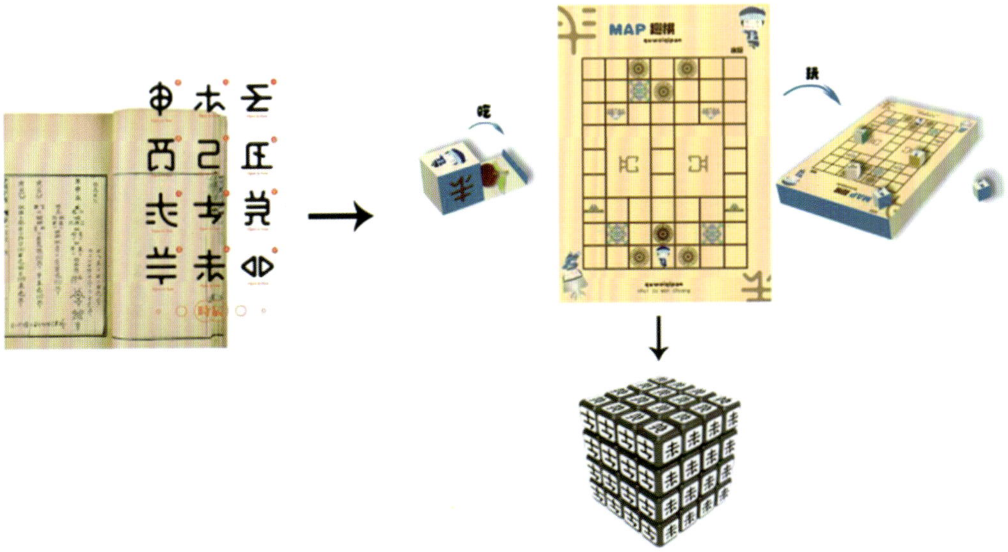

水族棋盘魔方设计

7.2 创意礼品类旅游文创产品赏析

陕西华山剪影灯设计（王语嫣）

海南省博物馆夜灯设计（刘琳）

广东樵山熏香设计

浙江安吉皮影灯设计

南京博物院纸雕设计

陕西历史博物馆皇后玉玺公交卡设计

平遥茶杯设计

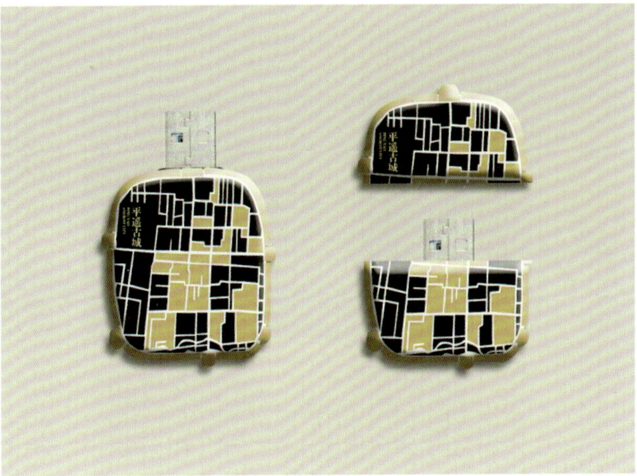

平遥 U 盘设计

平遥背包设计

傩面具镇纸设计

傩面具笔架设计

傩面具书桌摆件设计

傩面具插座设计

水族填色本设计

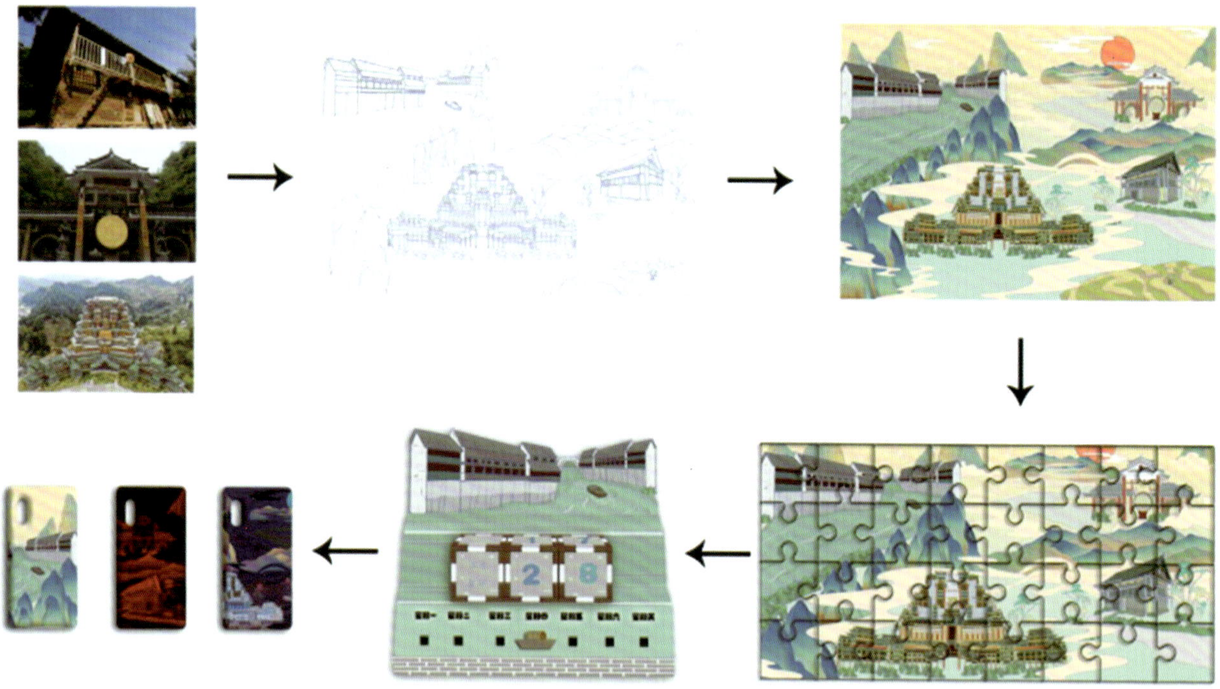

水族文创设计

7.3 土特产品类旅游文创产品赏析

山西椒叶馍糕点包装设计

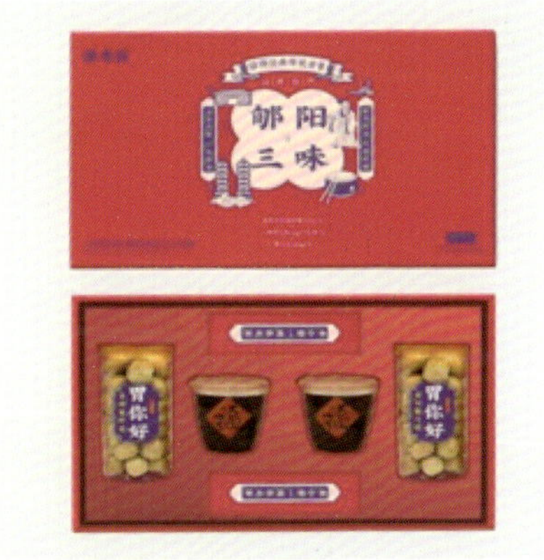

山西三味糕点包装设计

辽宁凤凰山土特产包装设计

浙江泰顺茶叶盒包装设计

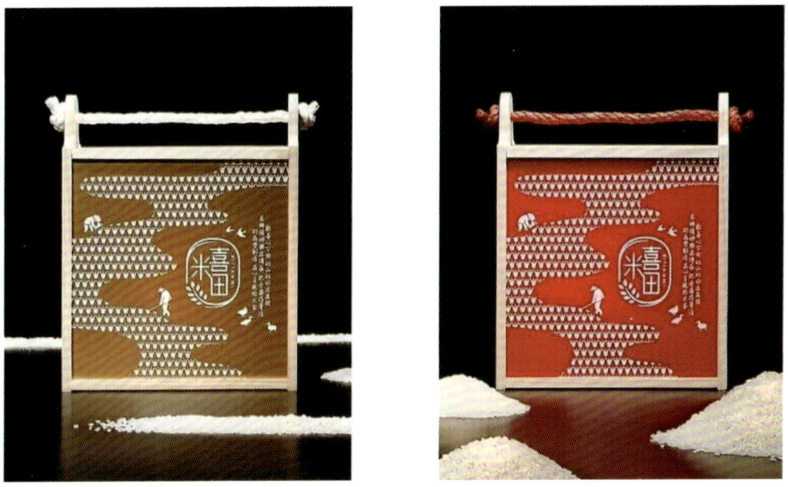

台湾土特产包装设计

浙江泰顺茶叶盒包装设计

吉林土特产包装设计

黄姚土特产包装设计

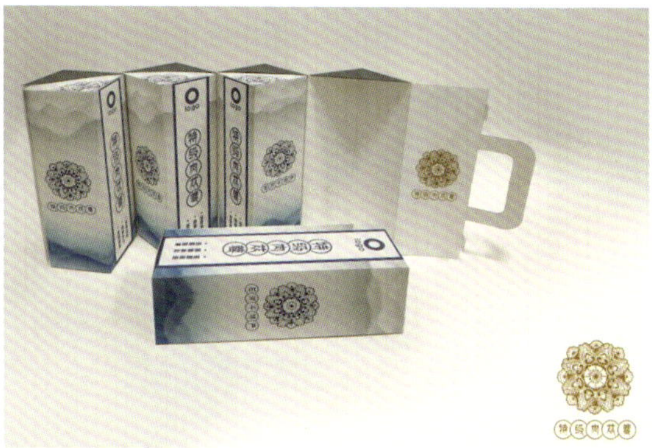

肉苁蓉包装设计

西湖茶叶包装设计

开封八大糕包装设计

攀西土特产包装设计

糕点包装设计

丰谷源糕点包装设计

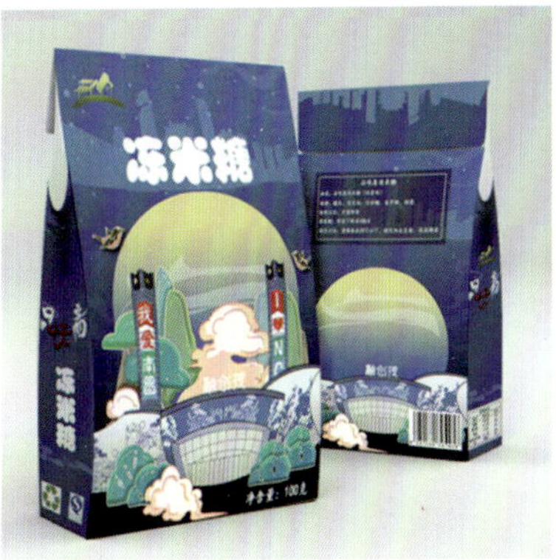
冻米糖
净含量：100克

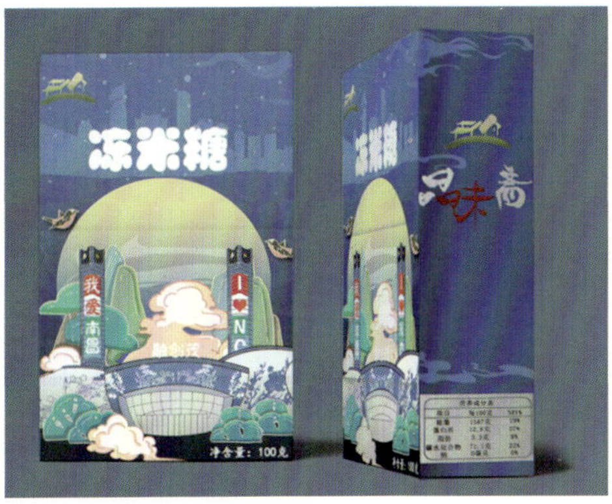
冻米糖
净含量：100克

冻米糖

冻米糖
净含量：100克

冻米糖
净含量：100克

冻米糖
净含量：100克

冻米糖
净含量：100克

味斋

南昌冻米糖包装设计

参考文献

[1] 王受之．世界现代设计史［M］．北京：中国青年出版社，2002．
[2] 王兴凯，程惠琴．包装设计创意指南［M］．上海：上海科学技术文献出版社，2009．
[3] 郑昱．生态产品设计研究［D］．武汉：武汉理工大学，2009．
[4] 张小艺．绝对包装［M］．南昌：江西美术出版社，2006．
[5] （美）莎拉·罗纳凯莉．包装设计法则［M］．南昌：江西美术出版社，2011．
[6] 张静．包装设计造型［M］．南宁：广西美术出版社，2007．
[7] （日）原研哉．设计中的设计［M］．济南：山东人民出版社，2006．
[8] 张雯靖．视觉文化语境下手绘插画与商业包装的交融［J］．包装工程，2016，37（24）．
[9] 陈瑞林．中国古代图形艺术简史［M］．北京：清华大学出版社，2006．
[10] 李砚祖．艺术设计概论［M］．武汉：湖北美术出版社，2009．
[11] 王娟．岭南文化在广州旅游纪念品包装设计中的应用［J］．包装工程，2015，36（04）．
[12] 张琳，尹欢．注入山西符号的旅游纪念品设计［J］．包装工程，2015，36（08）．
[13] 赵勤，李敏．旅游纪念品中彝族装饰纹样的提取与运用［J］．包装工程，2017，38（20）．
[14] 王淼．开封地域文化在开封旅游纪念品包装设计中的应用研究［D］．开封：河南大学，2011．
[15] 乔今．旅游纪念品中的地域文化因素设计［J］．包装工程，2015，36（10）．
[16] 杜金玲．徽州非物质文化元素在旅游文创产品设计中的运用研究［D］．天津：天津工业大学，2018．
[17] 阮晨海．日本旅游市场文创产品设计方法分析［J］．工业设计，2016（03）．
[18] 唐义，路伯言．国外图书馆文创产品开发状况及对我国的启示［J］．图书馆，2019（08）．
[19] 冯乃康．首届中国旅游文化学术研讨会纪要［J］．旅游学刊，1991（01）．
[20] 纪双龙，马家伟．图书馆文创产品开发的创新思路研究［J］．图书馆，2018（11）．
[21] 陈绘．民俗艺术符号与当代广告设计［M］．南京：东南大学出版社，2009．
[22] 张尧．基于博物馆资源的文化创意产品开发设计研究［D］．苏州：苏州大学，2015．
[23] 卢明慧．浅谈包装设计与民族文化的传承［J］．科技风，2010（09）．
[24] 刘瑗．解析图形设计的解构与重构［J］．美术教育研究，2012（23）．
[25] 蒲江．包装材质与设计表达［J］．包装工程，2008（04）．
[26] （美）唐纳德·A．诺曼．设计心理学［M］．梅琼，译．北京：中信出版社，2010．
[27] 崔勇，杜静芬．创意思维艺术设计［M］．北京：清华大学出版社，2013．
[28] 周剑．文化传承视角下的江西夏布产品创新［J］．新余学院学报，2017，22（06）．
[29] 张燕．基于情境构建的地域性文创产品设计研究［D］．杭州：浙江工商大学，2018．
[30] 叶子琦．基于杭州地域文化特征的丝绸文创产品设计研究［D］．杭州：浙江理工大学，2017．
[31] 江小凤．基于地域文化的博物馆系统文创产品设计研究［D］．合肥：合肥工业大学，2017．
[32] 何倩云，王小元．基于地域生活方式的产品设计方法研究［D］．芜湖：安徽工程大学，2016．
[33] 杨湖月．基于地域文化的特色旅游文创产品设计研究［D］．武汉：湖北工业大学，2016．
[34] 罗高生，邵阳，刘星．傅抱石美术遗产与新余抱石文化研究［J］．新余学院学报，2016，21（01）．